日本

四季旅行

《亲历者》编辑部 编著

中国铁道出版社有限公司
CHINA RAILWAY PUBLISHING HOUSE CO., LTD.

图书在版编目（CIP）数据

日本四季旅行 /《亲历者》编辑部编著 . — 2 版 . — 北京 : 中国铁道出版社 , 2020.2

（亲历者）

ISBN 978-7-113-25238-0

Ⅰ . ①日… Ⅱ . ①亲… Ⅲ . ①旅游指南—日本 Ⅳ . ① K931.39

中国版本图书馆 CIP 数据核字 (2018) 第 282575 号

书　　名：日本四季旅行

作　　者：《亲历者》编辑部

策　　划：聂浩智

责任编辑：杨　旭

版式设计：袁英兰

责任印制：赵星辰

出版发行：中国铁道出版社有限公司（100054，北京市西城区右安门西街 8 号）

印　　刷：中煤（北京）印务有限公司

版　　次：2016 年 3 月第 1 版　2020 年 2 月第 2 版　2020 年 2 月第 1 次印刷

开　　本：660 mm × 980 mm　1/16　印张：14　字数：280 千

书　　号：ISBN 978-7-113-25238-0

定　　价：49.80 元

大阪姬路城

春

赏樱花
去踏青

春季的日本，就是樱花的国度。在公园里，在道路两旁，在古朴的建筑物的映衬下，随处可见樱花的影子。空气里是醉人的樱花香味，风中是樱花飞舞的花瓣。此时，最适合带着便当，到公园的樱花树下野餐，进行一次春日赏花踏青游。

夏季尽享特色庆典

夏季的日本，各种特色节日都接连上演，花火秀、夏日祭、京都祇园祭等应接不暇。在这个不是特别炎热的夏季，穿上日本的民族服装，跟着当地人进入欢乐节日的通道，让我们一起尽情狂欢吧。

秋季登高 览层林尽染

秋季去日本，一定要看红叶。有人说，日本的红叶，有着不一样的味道。不信，你看，漫长的秋季，红色就从北到南蔓延。古香古色的建筑，加上漫山遍野的红叶，散发出一种直达人心的感动。

冬季赏雪景
泡温泉

冬季去日本，赏雪景、滑雪、泡温泉是最主要的娱乐活动。北海道有日本最好的滑雪场，从雪山之巅俯冲而下，多巴胺和肾上腺素带来的快感让人大呼过瘾。之后，再去野外温泉放松下身心，喝杯清酒，看看雪景，你就醉倒在日本的风情里。

序言 PREFACE

日本，以美丽的风景、传统的文化吸引着众多游客前来游玩。日本四季都有美丽的风景，不管你什么时候亲近它，都能从中领略到它的美。春季到日本赏花，夏季在日本参加节庆，秋季泡温泉养生，冬季体验滑雪的惊险刺激，凡是与四季旅行有关的，已是老生常谈的话题。对于什么时候休假就什么时候前往日本的游客来说，有本简单且直观的、与四季旅行有关的书来帮助其制定行程、了解日本概况和旅游注意事项，是很有必要的。

春季来日本，一定要赏樱花，品尝用花制作的甜点、便当，乘坐游船欣赏美景，体验身着和服在花树下拍照的乐趣，或登上富士山和当地人一样祈福。繁花盛开的日子，当地人会在公园里举办各种聚会，但大多傍晚才开始。所以，白天你若早早到来，很有可能会在树下的黄金位置遇见占位等待女友的男生，可上前与其攀谈一番，邂逅一位好朋友。夜晚降临，灯光闪耀下的樱花，别有一番华美，你可以加入抚琴弹唱、饮酒作乐的人群中，感受当地人的喜悦与热情。在有些公园，你还能够欣赏到艺伎的唯美表演。

夏季在日本，最有意思的事情莫过于旁观各种庆典活动，无论是装扮成人偶，还是 COSPLAY 为某个主题点赞，高兴的话你都可以加入其中。然后找个

吃茶店，边翻漫画书，边喝饮料，感觉美极了。最后当然不要错过到迪士尼乐园玩一场的机会，那种回归童真的感受让人兴奋无比。

秋季去日本，可以赏红叶、泡温泉。这个时节，是养秋膘的最好时候，不要错过各种玉子和海鲜刺身，它们已经肥厚味美。吃饱喝足，在红叶下散步，登高望远，拍些照片，然后找个静谧的温泉胜地，洗浴养心，非常惬意。经脉通畅以后，再到歌舞伎町欣赏精彩演出，这一定是一场完美行程。

冬季到日本，虽然很多活动不见踪迹，但你可以到著名滑雪场玩一把，即便以前没有滑过雪，在日本体验滑雪之趣后，也是极其难忘的。在滑雪度假村，还会有室外温泉，身在热乎乎的温泉中，眼观冰雪世界的“冰火两重天”，乐趣无穷。

本书详细地介绍了日本四季特点、节庆，推荐了四季游玩的经典路线。书中对日本各著名城市的知名景点进行了分类，方便读者在一张地图上了解什么季节游玩什么景点最合适，下篇还详细地提供了从行前准备到回国的各种细节攻略。让我们带着这本书，出发吧！

目录 CONTENTS

你好，日本 1

导读 图解日本四季

日本旅行特别提示 4
四季穿着 5
四季气温 6
四季节庆 7
四季费用 10

季节篇 每个季节都有自己的精彩

春季：梦里樱落知多少
春季热线：柔樱风情春体验 22
✿ 专题：日本赏樱全攻略 26
夏季：邂逅五彩日本
夏季热线：游乐祭典夏狂欢 42
✿ 专题：玩转迪士尼 44
秋季：邂逅五彩日本
秋季热线：雾影枫林秋赏叶 58
✿ 专题：日式地道泡温泉 62
冬季：在希望的雪野上
冬季热线：情迷雪国冬向北 82
✿ 专题：日本滑雪全攻略 86

中篇 日本名城：每座城市都有属于它的季节

东京：与浪漫樱花相会
东京塔 98
东京塔周边 98
✿ 东京芝豆腐屋 98
✿ Zabutton 旅馆 & 咖啡 99
✿ 东京都济生会中央医院 99

皇居 100
皇居周边 100
✿ 国立剧场 100
浅草寺 101
浅草寺周边 101
✿ 浅草里士满酒店 101
✿ 梅园甜品浅草店 102
✿ 浅草观音温泉 102
银座 103
银座周边 103
✿ 炼瓦亭 103
✿ 歌舞伎座 104
✿ 银座大荣酒店 104
歌舞伎町 105
歌舞伎町周边 105
✿ 机器人餐厅 105
✿ 伊势丹百货 106
✿ 铁人卡拉 OK 106
明治神宫 107
明治神宫周边 107
✿ 多米高级酒店 107
✿ 一兰原宿拉面 108
✿ 代代木公园 108
江户东京博物馆 109
江户东京博物馆周边 109
✿ 相扑友惠烨餐厅 109
✿ 东京乐天都市锦酒店 110
✿ 东京晴空塔 110
上野公园 111
上野公园周边 111
✿ 东京国立博物馆 111
✿ 上野精养轩 112
✿ 上野不忍可可大酒店 112
台场 113
台场周边 113
✿ 台场格兰太平洋酒店 113
✿ 台场购物广场 114
✿ 大江户温泉物语 114
东京迪士尼度假村 115
东京迪士尼度假村周边 115
✿ 米奇厨师 115
✿ 伊克斯皮儿莉 116
✿ 希尔顿东京湾酒店 116
交通 117
进入东京 117
市内交通 118

横滨：四季活动乐不停

红砖仓库 124
红砖仓库周边 124
- Bills Yokohama 124
- 横滨船舶酒店 125

港未来 21 区 125
港未来 21 区周边 126
- 横滨皇家花园酒店 126
- 一风堂 126

山下公园 126
山下公园周边 127
- 新格兰酒店 127
- 鸡蛋那些事 127

横滨中华街 128
横滨中华街周边 128
- 大和鲁内酒店 128
- 横滨大饭店 129
- 地标大厦 129

专题：横滨周边游 130
交通 134
进入横滨 134
市内交通 135

京都：看最美“枫”景

清水寺 140
清水寺周边 140
- 京都圣地亚哥宾馆 140
- 冈本织物店和服体验 141

金阁寺 141
金阁寺周边 142
- 幸村府 142
- 京都菊花酒店 142

伏见稻荷大社 143
伏见稻荷大社周边 143
- 枳壳旅馆 143
- 弗米利恩咖啡酒吧 144

岚山景区 144
岚山景区周边 145
- 花伝抄旅馆 145
- 岚山吉村 145

二条城 146
二条城周边 147
- 京都全日空酒店 147
- 阿一岱傻瓜面条 147

交通 148

进入京都 148

市内交通 149

名古屋：绿荫夹道，鲜花吐芬

名古屋城 154

名古屋城周边 154

✲ 射击运动酒吧 & 烧烤 154

热田神宫 155

中村公园 155

JR 中央塔 156

JR 中央塔周边 156

✲ 名古屋万豪酒店 156

名古屋港水族馆 156

名古屋电视塔 157

鹤舞公园 157

鹤舞公园周边 157

✲ Yabaton Honten 157

交通 158

进入名古屋 158

市内交通 159

札幌：邂逅雪国小城

白色恋人公园 164

白色恋人公园周边 164

✲ 螃蟹本家 164

✲ 札幌太阳道酒店 164

大通公园 165

大通公园周边 165

✲ 狸小路商业街 165

✲ 札幌菲诺最佳西方酒店 165

北海道旧本厅遗址 166

北海道旧本厅遗址周边 166

✲ 札幌拉面桑名店 166

札幌电视塔 167

北海道大学 167

交通 168

进入札幌 168

市内交通 168

下篇 旅游攻略：游日本，超简单

行前

办理日本签证的技巧 172
国内飞往日本的航班 176
日元的兑换与使用 177
日本住宿的预订与选择 179
日本的电压与充电器 182
日本与中国时差 182
提前下载 APP 182

到达

怎样办理出入境手续 184
如何从机场前往市区 186
与家人保持联系的方法 187
怎样在邮局寄东西 188

游玩

如何在日本参加旅行团 189
日本的手机租赁与使用 190

交通

飞机 192
铁路 192
私铁 195
国营地铁 195
出租车 196
公交车 196

购物

化妆品购买攻略 198
如何在日本刷卡 198
购物退税的小窍门 199
日本购物的特别提示 199

就餐

最可口的日式寿司店 200
中国游客最中意的餐厅 201

娱乐

日式吃茶店 202
滑雪全体验 203
体验和服拍美照 203
泡个温泉养养生 204

突发情况

生病了怎么办 205
证件丢失怎么办 206
遇到地震怎么办 206
行李损坏或丢失怎么办 206
机票丢失怎么办 206
迷路了怎么办 206

你好，日本

导读

图解 日本四季

日本是一个旅游资源丰富的国家，也是一个受游客青睐的旅游目的地。如果在行前多了解日本的一些风俗习惯，旅行中应该注意的事项、节日、气候等，将会使你的四季之旅更加顺利。

日本旅行特别提示

1. 见面要行鞠躬礼

与日本人见面，应行鞠躬礼。一般情况下，比较熟悉的人见面互相鞠躬以两三秒钟为宜；遇见好友，腰弯的时间会稍长些；遇见社会地位比较高的人或长辈时，会等对方抬头以后再把头抬起来。

2. 文明出游

在日本观看樱花时，切忌因想拍樱花雨而摇晃樱花树。

3. 随意的举动会引起误会

在和日本人打交道时，一定不要在他们面前抖腿，因为这在他们看来是极其不礼貌的行为。同时，也不要拍日本人的肩膀，这会被认为是你对他不尊重，表明对方比你低很多等级。

4. 泡温泉不可直接跳入

日本的大多数温泉都是公众式的，可以供多人同时享受。每个人在进入温泉池前，应洗净身体。入温泉池时，严禁直接跳入，要慢慢进入。另外，在温泉池内不要使用毛巾。

5. 穿衣要注意场合

在日本的正式场合，男性和女性应穿西服，男子穿的西服通常应系上领带。非正式场合中，应穿比较得体的衣物。

6. 乘坐电梯靠左站

在搭乘自动扶梯时，游客应站在左侧，将右侧让出留给急于前行的人通过。

7. 公共交通乘坐有讲究

日本的地铁、夜行巴士、夜行列车

上都设有女性专用车厢，建议女性游客在上下班高峰期或是23:00后，选择乘坐这些车厢，避免受到骚扰。另外，男性乘车时，一定要注意看好再上车，一旦上错了车厢，就有可能会被人当作痴汉（进行性骚扰的男人）交给警方。

8. 公共场合不要大声喧哗

在日本的公共场合，一定要记住小声说话，不要大声喧哗。坐车时，尽量不要打电话。如果要接电话，也要把声音压到最低限度，简明扼要地应答，待下车后再重新给对方回电话。在日本的高级餐厅、医院、剧院等公共场所，不应使用手机打电话。

9. 进入特别场所要脱鞋

在日本参观寺庙，进入日式餐馆就餐，入住青年旅舍、胶囊旅馆、传统日式旅馆或泡温泉时，一定要穿干净的袜子，并在进门前脱鞋。

10. 厕纸不能随便扔

在日本，上完厕所后，将厕纸直接扔进便池冲走即可，不能扔在垃圾桶内，但女性生理用品需要扔进垃圾桶内。

11. 不要去核辐射发生地旅行

日本福岛在2011年发生了重大的核泄漏事件，因此赴日需要注意安全，不要前往福岛县的双叶町、浪江町和大熊町等地旅行。

12. 要注意餐桌礼节

在和日本人一起用餐时，不要用舌头舔筷子，不要将筷子插在饭菜里，不要将筷子在饭菜里扒来扒去，也不能只吃一碗饭，并且不能剩饭。吃剩下的东西（如鱼刺、骨头等）不要随意扔在桌子上，要垫上纸之类的东西。吃完饭后，筷子应放在碗的下方。

四季穿着

日本四季分明，下图以日本东京为例，列举了游玩需要准备的服装及配饰，每个月份旁边都有最佳搭配，是行李准备最好的参考。总体上来说，日本南部比较温暖，出行可以少备些衣物，过冬期间只要有毛衣和风衣，就比较暖和了；北海道及周边气温较低，冬季尤其要注意保暖。其他季节，可以按照常规的方式准备衣物，夏季尤其要携带雨伞或者雨衣。

东京四季气候及建议穿着				
月份	平均气温	降水量	性别	最佳搭配
3 月	6℃ ~ 13℃	约 109 毫米	春季女	加厚内衣套装、薄打底衫、长裤、防水风衣、短靴、墨镜、短檐小洋帽、斜跨通勤包
4 月	11℃ ~ 19℃	约 113 毫米	春季男	保暖衣、薄衬衫、呢子风衣、牛仔裤、皮鞋、鸭舌帽、墨镜、单肩皮包
5 月	15℃ ~ 23℃	约 140 毫米		
6 月	19℃ ~ 26℃	约 178 毫米	夏季女	雪纺中长裙、舒适凉鞋、斜跨通勤包、透明雨衣、薄衬衫（防寒）、宽檐太阳帽
7 月	23℃ ~ 29℃	约 171 毫米	夏季男	短袖 T 恤衫、墨镜、短裤、运动鞋、双肩包、鸭舌帽
8 月	24℃ ~ 31℃	约 155 毫米		
9 月	21℃ ~ 27℃	约 195 毫米	秋季女	纯棉长袖中长裙、平底船鞋、时尚双肩包、透明雨衣、厚外套（防寒）、宽檐太阳帽
10 月	15℃ ~ 22℃	约 128 毫米	秋季男	恤衫、墨镜、牛仔裤、运动鞋、双肩包、鸭舌帽、薄衬衫（防寒）、毛衣
11 月	10℃ ~ 17℃	约 86 毫米		
12 月	5℃ ~ 12℃	约 65 毫米	冬季女	保暖内衣套装、薄打底衫、分身呢子中长裙、短款羽绒服、厚打底裤、黑长筒丝袜、中长内夹棉皮靴、时尚双肩包、墨镜、短檐小洋帽
1 月	2℃ ~ 10℃	约 67 毫米	冬季男	保暖内衣套装、厚衬衫、牛仔裤、休闲皮鞋、双肩包、呢子长风衣、墨镜、棉围巾
2 月	3℃ ~ 10℃	约 73 毫米		

四季气温

日本大部分地区位于温带，由于四面环海，气候属温带海洋性季风气候，全年受沿岸暖流影响，温暖潮湿，冬暖夏凉，降水多，秋冬季雨量稍大。但是又因为陆地面积较大，呈现较为明显的温带大陆性气候特征——四季分明。相比较而言，日本北海道附近的气温比南部寒冷一些。

日本主要城市气温表

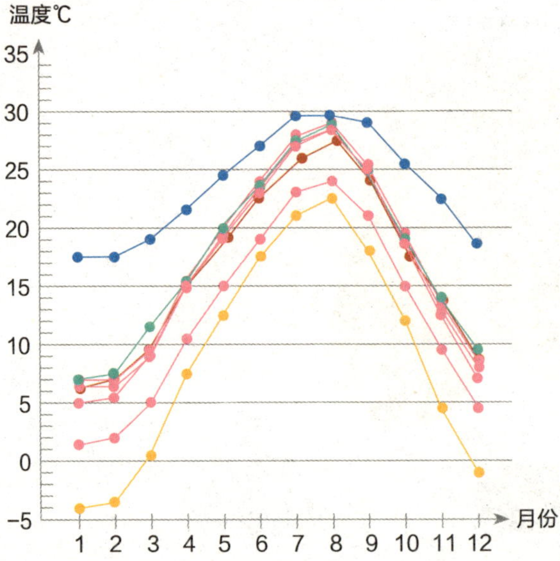

四季节庆

日本一年四季都有丰富多彩的节日庆典和相得益彰的饮食习俗，最具代表性的有15个，不同的节庆日遵循不同的饮食风尚，却处处可找到中国习俗的影子。因此国内很多游客到日本旅游，也非常愿意加入节庆热闹的气氛中，品尝美食、体验风情。让人不禁想起周作人与哥哥鲁迅（周树人）客居日本时的感叹：“我们在日本的感觉，一半是异域，一半却是古昔，而这古昔乃是很健全地生活在异域的，不似梦幻般地虚假。”对于喜欢民俗风情的游客而言，如果能有机会在日本多待段时间，多体验些节庆，那是一件很有趣的事。赶紧来了解一下日本有哪些节庆吧。

正月春节

日本历法一月一日

挂彩灯，挂“门松”辟邪，贴“贺正”图表吉祥，供“镜饼”象征圆满富庶，穿传统服装到神社参拜；元日清早，吃“年越”荞麦面，喝红豆粥，吃“御节料理”（正月大餐）。

在富士山可看朝拜的人祈求生意兴隆，在当地各神社观百姓祈福

彼岸日

春彼岸（日本历法二月中旬）、秋彼岸（日本历法八月中旬）

春彼岸，人们参拜神社、探亲访友、郊外踏青、平野扬筝，制作牡丹饼、五彩寿司和野菜天妇罗；秋彼岸，人们庆丰收，办“收获感谢祭”，如篝火舞蹈，参拜乡村稻荷神社。

在各大公园可见到庆祝的人群，春放风筝秋跳舞和乡村稻荷神社

七草日

日本历法一月七日

熬煮七草粥（芹菜、荠菜、鼠麴草、母子草、芜菁、白萝卜、田平草、菠菜）喝。

也叫“人日”，1月1日前，在各超市用400日元（约30元人民币）可买到包装好的“七草”，回住处熬制即可食用

女儿节

日本历法三月三日

女孩身着漂亮的和服到家附近的神社参拜，后提白酒（低度数的浊酒）、点心、菜肴探亲访友，拜谢恩师，受访人会回赠锦绣人形、布娃娃。

节日当天在大街小巷和各神社均可见

灌佛节

日本历法四月八日

庆祝释迦牟尼诞生，庙堂四处屋檐装饰各种花，堂正中放释迦牟尼像，参拜人手捧甜茶浇灌在佛像身上，拜完把剩余甜茶带回家研墨，写“五大力菩萨”，折放衣柜，避免虫害；写“八大龙王茶”贴于天井，免除天灾。

可到东京浅草寺等主要寺庙观拜佛，在餐厅品“鲣鱼熏制鱼片”

端午节

日本历法五月五日

也叫男儿节、菖蒲节。家门挂菖蒲，屋外挂绘有鲤鱼、刀、枪的彩旗，屋内玄关装饰佩戴盔甲手持菖蒲刀的武士人形，男子到澡堂泡菖蒲浴，至今有吃菖蒲粽子和柏饼的习俗。

探访民居，或者在澡堂感受泡菖蒲浴（女性只好品尝美食）

马子节

日本历法第 2 个周六

这是为庆祝插秧结束、慰劳辛苦的马匹而创建的节日。节日当天 9:30 后，会有大约 100 匹马系上响铃从泷泽村行至盛冈市，场面壮观。

在 JR 盛冈站前能欣赏马队，最好去美丽的泷泽村看看

土用之日

日本历法六月上中旬

最初是安排农耕事宜，现在城市中只有品蒲烧鳗鱼等习俗。

有专门的餐厅供应蒲烧鳗鱼饭等

七夕祭

日本历法七月七日

街町巷道插满竹竿，竹竿上悬挂灯笼，妙龄少女穿上“悠咖褡”、摇着纸扇，到町街上轻歌曼舞，或参加烟火大会，未婚女孩也可带着饵料到寺庙或者神社的放生池，喂饲鲤鱼，祈求好姻缘。此节日还有吃鲤鱼寿司习俗。

大阪府枚方市的牛郎牵牛塑像处可参与活动，仙台“七夕祭”最为有名和热闹，使用的是旧历

盂兰盆祭

日本历法七月十五日

清晨在家大扫除完，到町公所会合，清洗神轿山车，搭棚铺席做道场，佛前供奉美食，场地中置清酒请和尚念经做法事，晚上载歌载舞。

各町公所（町管理团体）

祇园祭

日本历法七月一日至七月二十九日

祇园祭即京都八坂神社的节庆活动，节庆期间会有壮观的花车游行，那些花车犹如“移动美术馆”，装饰有纺织物、印染品、雕刻等精美工艺品。

7 月 17 日在京都主干道上的花车游行最为精彩

重阳节

日本历法九月九日

也叫菊月祭，节日那一天在各场所展出菊花，并用菊花扎成狮子、麒麟、人形、帆船、富士山等。傍晚，在町巷的居酒屋饮菊花酒（老人居多，求长寿）。

可在驿站、市民会馆广场或其他乡镇住民活动中心赏菊

神无月的财神日

日本历法十月二十日

相传，八百万众神中只有惠比须神（财神）留下看守关照江户城（东京城）。节日当天，人们会挂惠比须画像，用古时候的高脚盆供奉美食，宴请宾客，开宴前还会模拟买卖秀。

在一些餐厅或许能遇见，但主要是在当地人家中最为普遍

冬至日

日本历法十二月二十二日

神社、寺庙都会举行传统宗教活动，人们习惯喝粥、吃炖煮南瓜及河豚火锅，还会泡洗柚子浴，或者炖煮鮟鱇鱼。

可在神社、寺庙等参与活动，在餐厅品尝美食

节分日

日本历法十二月底

辞旧迎新，有“鬼打豆”习俗，家家户户炒黄豆，盛在小木斗里供佛或祖先。主人手抓豆子，站在门口，边撒豆边念“福里边，鬼外边”。过节后，筹备过年，买年货，大扫除，舂年糕、做镜饼、扎门松。

在各家各户人家门前即可观看

大晦日

日本历法十二月三十一日

即除夕，当天笙歌弦乐，箫笛锣鼓远近可闻，人们提早回家团聚，高挂灯笼，享用御节料理。子夜十二点，各寺庙的钟声齐响，整整 108 下，极有气氛。

晚上夜游，可感受到浓郁年味；亦可租民宅感受浓郁节日气氛

四季攻略

日本的历法，对于中国人来说可能有一些陌生，其实知道规律就很好理解了。例如 2015 年日本的“节分日”是西方公历的 2 月 3 日，而日本 2015 年的正月春节是西方公历的 2015 年 1 月 1 日，这样算下来，使得节分日比正月春节晚了不少，这确实也是让人匪夷所思。需要参加节庆的游客，出游前不妨到日本旅游官方网站（www.welcome2japan.cn/attractions/event）上面去查询其节日时间。

四季费用

在日本旅行，饮食及住宿是主要的开销，其他项目开销和在中国旅行差不多。如果需要购买的礼物量居多，则需要准备较多的预算。通过下图大致可知道到日本旅游要准备的费用，单人基本旅游预算为 18000~25000 元人民币。根据游玩天数的不同、淡旺季交通费用及住宿费用的变化、选择的航空公司不同，费用差距也比较大。

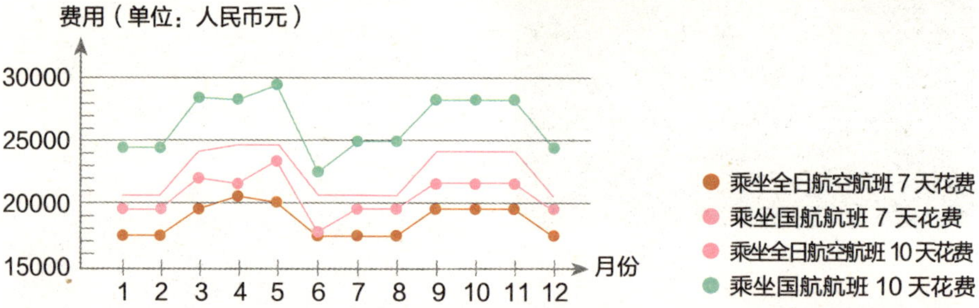

日本游单人消费预算单价（单位：人民币元）					
消费名目	类别	费用	消费名目	类别	费用
签证	旅游签证	500 ~ 1200 元 / 人	护照	首次签发	200 元 / 本
行李	如需添置物品	酌情定		换 / 补发	220 元 / 本
餐饮	家常餐厅	约 30 元 / 餐	交通	出租车	市内 100 ~ 300 元 / 程
	星级餐厅	400 ~ 3000 元 / 餐		巴士	8 ~ 18 元 / 程
购物	小电器	约 700 元 / 个		市营地下铁	18 ~ 50 元 / 程
	衣服	50 ~ 300 元 / 件		JR 列车	35 ~ 70 元 / 程
	小礼品	70 ~ 210 元 / 份	娱乐	看艺伎表演	约 500 元 / 场
	甜点	50 ~ 140 元 / 套		泡温泉	约 200 元 / 次
	手工艺品	70 ~ 240 元 / 件		看歌剧	约 200 元 / 场
	土特产	50 ~ 150 元 / 份		登塔观夜景	约 60 元 / 次
景点门票	各寺庙	20 ~ 50 元 / 庙	机票	分淡旺季和航空公司	经济舱至少提前 1 月，3000 ~ 6500 元 / 往返
	其他景点	50 ~ 400 元 / 景	住宿	分淡旺季	标准 3 星级提前 1 月，450 ~ 700 元 / 天

富士山

3月 4月 5月 6月 7月 8月 9月 10月 11月 12月 1月 2月

春 夏 秋 冬

季节篇

每个季节
都有自己的精彩

日本是一个地势多变、水力资源丰富的国家，拥有优美壮丽的景色。那里有山中积雪的湖泊，怪石嶙峋的峡谷，湍急的河流，峻峭的山峰，大大小小的温泉，这些引人入胜的旅游景点常年吸引着大量游客来到日本观光。到日本旅游，可谓是四季皆宜。春观樱、夏过节、秋看红叶、冬看雪，各个季节都各有看点。

春季

梦里樱落知多少

让人感觉活动乏力的冬天，在轻盈而欢快的春的脚步声中，悄悄地远去。农历新年的声声爆竹仿佛还在耳边，一颗想要到日本看樱花的心开始蠢蠢欲动……

3月春暖玩穿越

3月，整个日本呈现出寒意减退、万物复苏的景象。3月上旬，处在日本南部的本州岛上，金黄色的油菜花、美丽的樱花，悄然地替代了白雪点缀着大地。3月下旬，四国全境、本州岛的广岛、奈良、东京、名古屋等地，樱花皆已盛开，白川乡那数米高的积雪也已逐渐融化。不过，北海道此时依然白雪纷飞，在能取岬沿岸还有流冰的景象出现。因而，在这个季节里，你既可以在日本南部观看美丽的樱花，又可以前往北海道滑雪，享受在时空交错中穿越之感。

名古屋城

日本，爱知县，名古屋

4月赏花踏青来

4月，日本大部分地区皆以进入春季。此时，九州岛气温日渐攀升，已有步入夏天的感觉。四国境内则被绿色树木、青草所覆盖，呈现出一片生机盎然的景象，外出踏青的人使得岛上的公园热闹非凡。在这个月中，错过了观看日本南部樱花的人，不用灰心，因为在本州岛西北部的金泽、新潟、仙台、秋田以及北海道东南部的大部分地区，樱花开得正旺。另外，福岛上的油菜花此时也已盛开。这个月，在日本最适合赏花、踏青，享受美好的春光。

那智瀑布

日本，山口县，元乃隅稻成
神社

5月旺季免费游

5月，日本降雨量不多，气温温和，昼夜温差不大，是旅游的黄金季节。似乎谁也不会想到，这个月在北海道的最北部地区，还能见到美丽的樱花。而在九州岛、四国、本州岛等地，受日本黄金周（4月29日至5月5日）的影响，各大景区内都能见到众多前来观光的游客，因为那时富士山、和平公园、大阪古城堡、京都清水寺等景点可以免费参观。不过，此时大部分景点周围的住宿地几乎都已被预订完毕，因此想在日本度过黄金周的人一定要提前预订。

富士山

日本，静冈县和山梨县

春季热线

柔樱风情春体验

推荐理由：春天的日本是属于樱花的，刚刚从冬日中醒来的日本早早地被金黄色的迎春花和纯白、艳粉的樱花叫醒。东京的上野公园、京都的金阁寺等都是赏樱的好去处，樱花祭等各种与樱花有关的活动更是层出不穷，如梦似幻的樱花林处处洋溢着人们幸福的面容。

DAY 1 东京

一早起床，品尝一下正宗的日式早餐，开始一天的旅行。今天游览的重点是美丽的浅草寺和上野公园。浅草寺是东京最古老的寺庙，由德川家康重建，如今的浅草寺完整地保留了江户时期的建筑风貌。上野公园则是日本最早的一座公园，同时也是东京最著名的赏樱地，微风过处，花雨阵阵，十分壮美。

①浅草寺

乘地铁浅草线到浅草站下车，参观历史悠久的浅草寺。

②仲世见街

参观完东京最古老的寺院，步行至雷门即可到达仲世见街，商业街上沿街有大量具江户文化特色的纪念品。

③上野公园

从浅草站乘坐地铁银座线约 15 分钟至上野站下车，游览著名的上野公园，春天的公园内樱花开放、游人如织，还有动物园、美术馆、博物馆可以参观。

DAY 2 东京

正式游览东京的第二天，时间则主要交给了千鸟渊和皇家外苑。千鸟渊以其长达 400 米的樱花走道而闻名于世，也是著名的赏樱地之一。而皇家外苑则是日本天皇的起居地，外苑内细石铺路，松柏遍布，芳草如茵，是日本城市为数不多的绿地之一。如果时间充裕，可以前往著名的银座地区，这里是与巴黎香榭丽舍大道、纽约第五大道齐名的世界三大繁华中心。

①千鸟渊

乘地铁半藏门线到半藏门站下车，步行前往千鸟渊。

②二重桥

千鸟渊是位于皇居护城河边的一条约 700 米长的游漫步道，这里是东京著名的赏樱胜地，从这里步行可到达二重桥。

③皇居外苑

沿皇居参观路线步行即可到达皇居外苑，而皇居只有在特殊时期或预约后才可进入。平日里只有皇居外苑、皇居东御园等地对外开放。

④银座

步行约 1 千米或乘坐地铁银座线至银座站下车，可参观著名的银座地区。

DAY 3 箱根

JR 东海道山阳新干线，每半小时一趟车从东京到达箱根，在小田原站换乘箱根登山线，到箱根汤本站，全程约 1.5 小时。从东京赶到箱根，在美美地睡过一觉后用些早餐补充体力，开始在箱根的旅程。大涌谷是与富士山齐名的日本旅游胜地，这是由火山喷发形成的火山口遗迹，这里的水大部分都是有毒的，千万不要饮用。而芦之湖则是一处美丽动人所在，环湖步道遍植青松翠杉，湖中盛产鲈鱼和鳟鱼，你可以在此处泛舟或垂钓，然后去附近的温泉旅馆舒服地泡温泉。

①大涌谷

乘坐开往强罗的登山电车，换乘去早云山的登山缆车，在早云山乘坐空中缆车到大涌谷站下车，在这里能够近距离感受到温泉喷涌的壮观景象。

②芦之湖

到达早云山，乘坐空中缆车到达终点站桃源台，即可乘船游览芦之湖及周边美景。

③冈田酒店

芦之湖乘游船可到箱根神社参观，乘坐箱根登山巴士返回箱根汤本，可在附近的冈田酒店泡温泉。

DAY 4 箱根 → 京都

上午乘坐新干线前往东京都，午餐过后稍事休息，将二条城和金阁寺作为京都旅行的起点。二条城是幕府时期幕府将军权利的象征，金阁寺则是被列入世界文化遗产的重要历史建筑，每到樱花盛开的季节，金色的墙壁和白色的樱花非常绚丽。

①箱根→京都

乘坐箱根登山线到小田原车站，换乘 JR 东海道山阳新干线，约 2.5 小时到京都。

②二条城

从京都火车站乘坐 50 路公交车到堀川御池站下，向北步行约 2 分钟可到二条城，二条城是幕府将军在京都的行宫，城内有盛开的樱花美景和名为“鹂鸣地板”的走廊等景观。

③金阁寺

从二条城前站乘坐 12 路公交车到金阁寺前站下车，可参观金阁寺（正式名称鹿苑寺），金阁寺内樱花景色衬托的金色寺院十分美丽。

DAY 5 京都

京都是一座历史悠久的古城，其中有许多饱经沧桑的历史建筑。伏见稻荷大社和清水寺便是其中最为著名的。伏见稻荷大社是一座 8 世纪的建筑，“千本鸟居”更可称得上一大奇观。清水寺是京都最古老的寺庙，已被列入世界文化遗产名录，这里的茶艺名列京都之首。如果还有时间，可以到京都最大的艺伎区，祇园欣赏一番歌舞表演。

①伏见稻荷大社

乘坐 5 路公交车到稻荷大社前站下车，即可参观著名的“千本鸟居”。

②清水寺

乘坐京阪本线至清水五条站，换乘 80 路公交车至清水本道站下车，向东步行约 800 米可到，清水寺是京都历史最为悠久的寺院。

③祇园

从清水道站乘坐 80 路公交车至祇园站下车，可以参观具有京都历史特色的建筑。

DAY 6 大阪

从京都乘车很快就能到达大阪，大阪的环球影城不可错过。另外，这里拥有很多的日本特色物品，带些回去送给亲友非常合适，心斋桥是不可错过的购物地方。

①京都→大阪

京都本线，每 10 分钟一趟车，约 1 小时可到大阪。

②日本环球影城

从大阪乘坐大阪环状线开往樱岛方向列车，列车经过西九条站后更换为樱岛线，继续乘坐同一辆车至环球城站下车，步行可到日本环球影城。在这里可以游玩各类好莱坞电影主题的娱乐设施。

③心斋桥

乘坐御堂筋线地铁心斋桥站下车，这里出售众多的日本特色小吃和旅游纪念品，可在这里购物后，前往机场。

专题 日本赏樱全攻略

提起樱花，很多人耳畔都会响起“樱花啊，樱花啊”（SAKURA，SAKURA）的曲子，简洁的旋律，温软的曲调，总会让人心中那根柔软的弦被拨响。樱花在日本人心中可以算“花神”吧，任何场合几乎都能找到樱花的身影：文学、能乐、歌舞伎、食物、服饰、音乐……不胜枚举。如果此行更多的是为了“赏樱花”（日本当地叫作“花见”），那仔细阅读下文就对了。

知名赏樱地

虽然国内不少公园里种着樱花，但数量有限，难以达到花海的壮观程度，最“可恶”的是，樱花树周围总有桃花、梨花、海棠花等，混淆着一时兴起来的赏樱人的视听，看着那么多名目的花，傻傻分不清。而在日本，很多公园都成片成片地种着樱花树，大规模的林木很少掺杂其他且一开开一片，无论摄影取景，还是树下野餐，都让人赏心悦目、无比过瘾。

日本知名赏樱地

赏樱地	赏樱特色	赏樱时间	地址	交通
名护城遗址	琉球彼岸樱（绯寒樱）盛开，是举办日本最早的樱花节会场，热闹非凡，约2万株绯寒樱颜色鲜艳，从展望台远眺极美	1月下旬至2月上旬	冲绳县名护市名护	从那霸市外巴士转运站搭名护西线20番在名护域入口下车，步行前往

赏樱地	赏樱特色	赏樱时间	地址	交通
河津樱花祭	气候温暖的伊豆半岛，从寒冷的季节开始就可以赏樱，因此人气很旺，此处樱花朵大颜色深，非常艳丽	2月上旬至下旬（有灯光，可夜赏）	静冈县河津町	乘坐JR东海道本线特快列车从“东京”站到“河津”站；或在东海道新干线“热海”站换乘伊豆急行到“河津”站
新宿御苑	内藤家武士的府邸，后变成皇族庭园，再后来对民众开放，可观赏65个品种约1300株樱花树，商店有便当出售	2月中旬至4月上旬	东京新宿区内藤町	东京地铁丸之内线“新宿御苑”站下车，或从JR新宿站南出口，步行约15分钟
多摩森林科学园	在此基本能看到日本有代表性的所有樱花品种，此园禁酒，适合观赏樱花兼远足郊游	2月下旬至4月下旬	东京八王子市廿里町	从JR中央线“高尾”站步行约10分钟
上野公园	是老百姓开始赏樱的起源，天色变暗后，约1300盏纸罩蜡灯点亮，在夜晚也可以欣赏樱花，可以划船、品小吃	3月中旬至4月上旬（有灯光，可夜赏）	东京台东区上野公园	JR山手线“上野”站公园出口附近
隅田川堤	1千米的樱花树道连绵不断，附近小吃摊林立，可乘坐屋形游船或水上巴士眺望赏樱，还可见“东京天空树”	3月下旬至4月上旬（有灯光，可夜赏）	东京墨田区向岛	东京地铁银座线“浅草”站下车，步行；都营地铁浅草线“本所吾妻桥”站下车，步行
千鸟渊绿道	皇居的护城河边有一条约700米长的游漫步道，距离市中心比较近，可体验手划式游船赏樱	3月下旬至4月上旬（有灯光，可夜赏）	东京千代田区九段南	东京地铁东西线、半藏门线、都营地铁新宿线的“九段下”站下车，步行约5分钟
六义园	53株垂枝樱及染井吉野樱、山樱、里樱，4种樱花开满园，公园内出售用樱花制作的日式点心	3月下旬至4月上旬（有灯光，可夜赏）	东京文京区本驹込6-16	JR山手线、东京地铁南北线“驹込”站下车，步行约5分钟
权现堂堤	1千米、约1000株染井有吉野樱盛开的樱花通道，周围有大片油菜花田，粉黄交相辉映	3月下旬至4月上旬（有灯光，可夜赏）	埼玉县幸手市国府间	在东武日光线“幸手”站，乘前往五露町役场前的朝日巴士约15分钟，到“权现堂”站下车即可
熊本城	贵为日本三大名城之一，被誉为坚不可摧之城，这里的樱花别有一番坚强与优雅的气质，天守阁前方的广场在樱花季夜晚开放	3月下旬至4月上旬（有灯，可夜赏）	熊本县熊本市本丸1-1	在JR熊本站搭乘熊本市路面电车约15分钟到“熊本城前”站步行约5分钟
冈崎公园	约1700株樱花盛开，沿河畔而生的樱花通道最适合散步，可看到“家康游行”活动中打扮成武士和公主的人们	3月下旬至4月上旬（有灯，可夜赏）	爱知县中部	在JR名古屋站换乘名铁名古屋本线到“东冈崎”站下车，步行约15分钟

续表

赏樱地	赏樱特色	赏樱时间	地址	交通
犬山城	犬山城是一座城堡，其盛大的犬山祭很吸引人，3层彩车上，活动偶人在笛声和鼓乐声中载歌载舞，行进在本町大道上，盛况空前	3月下旬至4月上旬	爱知县犬山市犬山北古券65- 2	在名铁犬山站下车步行约15分钟
清水寺附近一带	哲学之道、清水寺、八坂神社、知恩院等古刹与樱花相互交织，从“清水舞台”远眺，仿佛置身樱花云端	3月下旬至4月上旬(有灯，可夜赏)	京都市左京区、东山区	在JR东海道新干线“京都”站搭乘京都市巴士约15分钟到“五条坂”站下车，步行约10分钟
岚山	岚山的樱花最开始是为祭祀后醍醐天皇从吉野山移植而来，世界遗产天龙寺里的垂枝樱非常漂亮，在桂川河中泛舟赏樱别有情致	3月下旬至4月上旬	京都市右京区嵯峨	阪急电铁岚山线、京福电铁岚山线的“岚山”站下车
圆山公园、哲学之道	圆山公园为京都市最古老的一座公园，公园中心盛开的垂枝樱，娇艳夺目，人称“祇园夜樱”。在哲学之道的水渠两岸，也是樱花烂漫	3月下旬至4月下旬	京都市东山区八坂圆山、京都市左京区	在JR京都站乘巴士约15分钟
醍醐寺	世界遗产之一，“醍醐赏花”盛会吸引人，三宝院庭园建有瀑布和小岛，并栽种了美丽的垂枝樱	3月下旬至4月下旬	京都市伏见区醍醐东大路町22	从地铁东西线醍醐站步行约10分钟
奈良公园	春日大社的鹿群，被看成是神的使者而受到人们的悉心照顾，鹿在樱花丛中漫步的场景，也是世间难见	3月下旬至4月下旬	奈良县奈良市杂司町	从近铁奈良站步行约10分钟
千光寺公园	有垂枝樱、里樱等近1万株樱花，站在山顶的展望台上，俯瞰四周，尽赏尾道街景到濑户内海的岛屿风光。公园内还设有市立美术馆、文学小路以及游园地等，深受携孩子出游者的喜爱	4月上旬至中旬(有灯，可夜赏)	广岛县尾道市西土堂町19-1	从JR尾道站乘巴士到长江口约需5分钟，在此乘千光寺山索道吊车到山顶站约需3分钟
高远城址公园	园内不仅有小彼岸樱的深粉色花朵且不乏古树，浅红色公园与白雪皑皑的日本阿尔卑斯山交相辉映，附近还有温泉	4月上旬至5月上旬(有灯，可夜赏)	长野县伊那市高远町	在JR饭田线“伊那市”站搭乘巴士约25分钟到“高远”站下车，再步行15分钟
越后高田城	经3000个纸罩蜡灯照亮的夜樱和经灯光照明的三层古城点亮黑夜，令人窒息；“高田城百万人观樱会”时可品茶，欣赏舞蹈、民谣表演、神轿	4月上旬至中旬(有灯，可夜赏)	新潟县上越市本城町	在JR长野新干线“长野”站换乘信越本线到“高田”站下车并步行约20分钟

赏樱地	赏樱特色	赏樱时间	地址	交通
吉野山	据说城山樱是神灵寄居的树，因此数量逐渐丰富起来，约3万株樱花形成“一目千株”盛景，登上山顶欣赏樱海的美景绝对难忘，还可在日式旅馆泡温泉	4月上旬至中旬（有灯，可夜赏）	奈良县吉野郡吉野町	从近铁吉野线“阿倍野桥”站到“近铁吉野”站，再换乘空中吊车到“吉野山”站
姬路城	姬路城外型仿佛一只白鹭张翅翱翔，因此别称“白鹭城”。樱花盛放期间，会开放平时不能参观的房间，并奉上气派的日式大鼓演出	4月上旬至中旬（有灯，可夜赏）	兵库县姬路市本町	乘坐JR新干线“姬路”站（部分列车不停）、JR山阳本线“姬路”站步行约15分钟
比睿山汽车道、奥比睿汽车道	在梦见丘可以将琵琶湖南湖周边尽收眼底，夜景也十分迷人；八重樱盛开的比睿山延历寺极为有名	4月上旬至5月上旬（有灯，夜赏）	滋贺县大津市	乘坐京都市内开往下鸭的大津线（山中越），到田之古峠出入口
鹤城公园	园内有1000株染井吉野樱、江户彼岸樱、垂枝樱、山樱	4月中旬至下旬（有灯光，可夜赏）	福岛县会津若松市追手町	乘JR磐越西线到“会津若松”站，搭会津巴士鹤城回线
造币局的穿行通道	造币局内一条500米长的樱花通道，特别吸引人，以八重樱为主，还有大手球等珍稀品种	4月中旬（有灯，可夜赏）	大阪市北区天满	从大阪市地铁谷町线“天满桥”站步行约10分钟
角馆	茂密的树木以及厚重的武士住宅至今依然保留有320年前的风貌，垂枝樱古树开放至今，2千米的樱花隧道是国宝	4月下旬至5月下旬	秋田县仙北郡角馆町	在JR秋田新干线角馆站下车
松前公园	拥有250个品种1万株樱花树，其中“血脉樱”流传着樱花精灵的唯美故事；小卖部有樱花制作的甜品，除赏樱外还可赏其他花	4月下旬至5月下旬（有灯光，可夜赏）	北海道松前郡松前町字松城	JR江差线“木古内”站处，搭巴士，90分钟后在“松约城”站下车
置赐樱花回廊	延绵43千米，被誉为“乌帽子山千株樱”的染井吉野樱胜地，随处可见樱花古树，其被英国女作家伊莎贝拉·伯德誉为“东洋桃花源”	4月末至5月上旬（有灯光，可夜赏）	山形县长井市、南阳市、白鹰町	JR山形新干线“赤汤”站处乘山形铁道lower长井线到“荒砥”站下车
弘前公园	护城河边樱树林立，此景堪称一绝，逾100年的古树众多，还有据称是日本最古老的染井吉野樱	4月末至5月上旬（有灯光，可夜赏）	青森县弘前市大字下白银町	JR奥羽本线“弘前”站处搭巴士，约15分钟在，“市役所前公园入口”站下
TOYO TIRES高速	可以将富士山、箱根、芦湖、热海等美景尽收眼底的兜风胜地，驾车穿过染井吉野樱的通道，别有乐趣	比市区大概晚1周到10天（有灯光，可夜赏）	神奈川县小田原市至箱根町	从东名高速道路“厚木”IC前往小田原厚木道路“小田原西”IC，从早川收费处前往箱根方向

樱花的果实是樱桃吗

这可是个好问题，或许很多人第一次看到这个问题，也难免有些吃惊，或者根本没有想过这些问题。是？不是？……到底是不是呢？答案当然不是了！樱花最早来自于我们国家的喜马拉雅山脉，后被日本栽培；而樱桃是最先在欧洲大部分地区广泛种植的后来传到中国的，两者根本就没有关系。但它们就属花和果实的区别比较大，树干啥的真的差不多。它们同属不同种，如果一定要嫁接？最可能的结果就是没结果。

樱花与樱桃神 PK		
PK 技能项	樱花	樱桃
江湖称号	樱花，山樱花	樱桃，或樱，又名楔荆桃、车厘子
武林门派	蔷薇科，樱桃属，樱桃亚属	蔷薇科，梅属 / 李属，樱桃亚属
师门起源	北半球温带环喜马拉雅山地区	亚洲西部和欧洲东南部
武功秘籍	树皮紫褐色，花叶互生，边缘有芒齿，表面深绿色，有光泽，花瓣先端有缺刻，花色多为白色、红色	树皮灰白色，有明显的皮孔，叶广卵形至长卵形，花白色或稍带红色，没有樱花那么唯美
习得功效	花可做寿司，叶可制作为腌菜，整株植物放在庭院作观赏用，果实不好吃	果实富含糖、蛋白质、维生素及钙、铁、磷、钾等多种元素，健脾和胃，祛风湿
大神神韵（树干）		
神树侠侣（花）		
弟子像（果）		

怎样分清樱花和桃花

樱花和桃花什么区别？有联系吗？这个问题好纠结啊！因为到公园游玩的绝大多数游客都会被这个问题迷住。最关键的是，当看见一树桃花，兴高采烈扑上去大赞“好美的樱花啊”，然后摆姿势拍照的时候，被周围知情人笑而不语地鄙视的情景，很多人都不想再遇见了好吗？樱花，桃花？到底怎么区分？一起来看看。

怎样区分樱花和桃花

PK 技能项	樱花	桃花
名称	樱花、山樱花	桃花
科属	蔷薇科，樱桃属，樱桃亚属	蔷薇科，桃属
原产地	北半球温带环喜马拉雅山地区	中国
植物形态	树皮紫褐色，花叶互生，花瓣先端有缺刻，花色多为白色、红色，花与叶同时开放或花比叶后开放	叶卵状披针形或圆状披针形，花单生，先叶开放，花瓣为粉红色，倒卵形或矩圆状卵形
植物作用	花可做寿司，叶可制做为腌菜，整株植物放在庭院主要作观赏用，果实不好吃	种植在庭院中不仅美观，果实也很好吃，营养丰富
树干		
花朵		
果实		

日本现有樱花的分类

樱花是蔷薇科植物，最初的野生品种只有 9 种，通过混种后，演变成现在数百个品种。不过日本比较常见的樱花品种也不过是六七种，提前了解一下对于赏花会很有好处。

日本主要樱花分类				
类型	品种	果实	花期	赏花地
染井吉野	人工	无种子	整个春季	上野公园（东京都台东区）、知恩院（京都市东山区）、弘前城（青森县弘前市）
江户彼岸	野生	有种子	整个春季	山高神代樱（山梨县北杜市）、卧龙樱（岐阜县高山市）
山樱	野生	有种子	整个春季	吉野山（奈良县吉野町）
河津樱	野生	有种子	2 月至 3 月	伊豆半岛、河津町（静冈县河津町）
垂枝樱	野生	有种子	4 月左右	三春泷樱（福岛县三春町）、武家屋敷之垂枝樱（秋田县角馆町）、六义园（东京都文京区）
八重樱	野生	有些有种子	4 月上旬至 4 月下旬	新宿御苑（东京都新宿区）、造币局（大阪市北区）、比睿山延历寺（滋贺县大津市）

拍摄樱花最强技能 GET

春天来临，到日本旅游怎能错过拍摄成片的樱花的机会呢？这种柔美而安静的花朵绽放在城市中的盛景，会让人感动到落泪。然而，当决定出访日本拍摄樱花的时候，一大堆的问题也随之而来：拍摄需要准备哪些器材和物品？在哪里拍摄樱花更为合适？用哪些技巧拍摄能较快获得好照片？需要将人物加入拍摄中该怎么办？

根据下面的清单准备拍摄的物品

器材：与佳能 5D Mark III 类似水平的单反相机（使用卡片机的话，要有超过 ISO 400 的感光度），微距镜头、长焦镜头、大光圈、稳固三脚架、快门遥控器、备用电池、备用储存卡等。

物品：简易喷水壶、日式纸伞、和服（或者自己喜欢的漂亮服装）、手帕、丝巾、1 斤左右收集到的花瓣（拍摄有“落英缤纷”效果的照片用）、黑白 KT 板等。

拍摄樱花参数设置

拍摄樱花参数设置				
参数	焦距	快门	光圈	感光度（ISO）
详情	55 毫米	1/500，越微距越要快	F/5.6	100
注：ISO 与快门时间只是参考数值，请根据当天天气情况和日照情况微调整				

拍摄樱花技巧分享

1. 排除干扰。在有风的情况下，一定保证快门速度够高。如果风非常大，又需要拍摄特写，可以搭建临时简易“影棚”或者在明亮的展馆内，或在走廊避风处，总之让“风”越小越好。有个稳固的支架也是减少抖动影响最好的方法之一。

2. 准确曝光。不要过分依赖相机的自动测光表，在逆光高、低调背景情况下要做适当曝光补偿，用包围曝光多拍几张，手持测光表校对后手动曝光是很好的办法。

3. 设定好白平衡。品质较高的数码相机的自动白平衡可信度很高，根据场景的光线不同，准确设置白平衡参数。

4. 注意光比的把握。樱花的花瓣受光的光比很大，可以带上自制的小反光板，如黑白 KT 板等，当然这个也可以在后期使用照片处理软件来处理。

5. 巧用简易喷水壶。想要拍出带露珠美感的樱花，就要用上它，在花瓣上面喷一喷，能够拍出效果极好的照片。

6. 当然，拍人物照时（给女孩子拍），尤其要注意用道具显示出女孩子的优美曲线、温软特质等。想要拍花雨，自备樱花花瓣（可在地上捡，或者到网上淘，即便没有花瓣，用些相近颜色和形状的柔软纸片也可，用完要清理），千万不要使劲摇晃树干获得花雨。

夏季

邂逅五彩日本

日本的夏天是五彩的，人们穿起款式各异、色彩丰富的轻透裙衫，在明媚的阳光下、习习的夏风里活动，赏群芳绽放、听呢喃细语。若是碰上给力的『夏日祭』『烟花会』活动，彩色的花车、绚烂的烟花等定会点燃参庆人们内心的激情。

6月初夏品清酒

据说日本每年成人节期间，年满 20 周岁的男女都会打扮得华丽而庄重，穿着得体的和服，女性还要根据不同种类的和服梳理不同的发型，约几位年龄相近的好友共赴神社祭拜，然后饮杯清酒，在神社前拍照留念，此程序已经持续了数百年。不仅如此，在日本的家庭聚会上、红白宴上、商务场合中、居酒屋里，人们也会畅饮清酒。清酒度数不算高，在日本旅游期间，一定要尝试。之所以推荐 6 月饮酒，是因为此时新酒经过一个冬天的酿制，有种格外清甜的风味，并且这个时节，气温较高又不是最高，饮用清酒很爽口。

鹤岗八幡宫

日本，神奈川县，镰仓市

7月尝鲜过“七夕”

日本主流观点认为“七夕节”是“乞巧节”，因此形成富有日本文化特色的纪念仪式。公历7月，到日本尝鲜体验“七夕”，也是游玩的特色。大阪和其他城市的“七夕”玩法有较大差别，除了广为流传的“写纸笺许愿”外，大阪寺庙的人更懂得营造节日气氛，他们会用数盏小白灯密密地挂在许愿树旁的棚架上，营造出“天河”的感觉。

七夕盛典

日本，神奈川县

8月节庆整夜玩

8月的日本，进入节日气氛最浓郁的时节。中旬有盛大的盂兰盆祭（也叫中元节），在持续很久的节日里，你可以看到当地人倾巢出动、万人空巷的壮观景象。盂兰盆节源于印度，日本人过该节，是因为全民信仰人有灵魂，先祖逝后的灵魂，得到家人善待，能够给予家人护佑。在这个节日，所有的人都要回家团圆，有的城市还会举办阿波舞会作为庆典。除了这个节日之外，8月的各城市均有各种节庆，如太鼓舞会、花火大会等，都能玩到半夜。如果觉得不过瘾，再找个彻夜开放的酒屋，与朋友畅聊也是极开心的。

夏季烟花节

日本，滋贺县，大津市

夏季热线

游乐祭典夏狂欢

推荐理由：夏天的日本多姿多彩，人们穿起色彩丰富的衣裙漫步于林间、花园与街市。明媚的阳光下群芳绽放。夏天也是日本最为热闹的时节，“夏日祭”“烟花会”等活动在花车和烟花中开始，传统的日本音乐和歌舞穿插其间，令人充满期待。

DAY 1 东京

东京旅行的第一天可以前往东京迪士尼乐园，这是世界上最为精彩的迪士尼乐园之一，游乐项目众多，老少皆宜，尤其是夏日在此体验水上运动是相当过瘾的。

①东京迪士尼乐园

从东京市区乘坐 JR 京叶线至舞滨下车，步行即到东京迪士尼乐园。在东京迪士尼乐园有众多的游玩项目，大人和孩子们可以在这里找到属于童年的欢乐。

DAY 2 东京

这一天的行程是迪士尼海洋，它是世上首个以关于大海的故事及传说为题材的迪士尼主题乐园。乐园内主要分成 7 个“主题海港”区域，每一个都精彩纷呈。在炎炎夏日，这里将是最适宜的避暑胜地。

①东京迪士尼海洋

从东京市区乘坐 JR 京叶线至舞滨下车，步行即到东京迪士尼海洋。在这能尽情享受海洋世界的魅力，玩转地中海港湾、阿拉伯海岸。

DAY 3 东京

在迪士尼疯狂地游玩两天之后，来东京的第 3 天可以到著名的东京塔看看。这是一座仿埃菲尔铁塔修建的建筑，为东京的地标。东京塔夜晚的灯光颜色随季节变化，春、秋、冬季为橙色，只有夏季才会变成白色。新宿是日本东京都的特别区之一，也是东京乃至于整个日本最著名的繁华商业区，名声在外的歌舞伎町就位于此处。

①东京塔

乘坐东京地铁日比谷线，在神谷町站 1 出口出步行约 7 分钟即可到达东京塔下。东京塔是东京的标志性建筑，在这里的展望台可以看到东京的城市景色。

②新宿

从东京塔乘坐大江户线至赤羽桥，步行可到达新宿各地。

③歌舞伎町

从新宿车站向东北角步行约 7 分钟即可到歌舞伎町，这里有数不清的餐厅、电影院、游戏场、酒馆等。

④东京→名古屋

从新宿车站乘 JR 中央线到东京站，换乘东海道、山阳新干线，约 2 小时可到名古屋，夜宿名古屋。

DAY 4 名古屋

首次来到名古屋的朋友一定要先去名古屋城去看看，这是与大阪城齐名的日本名城。此城为德川家康所建，城内装点着数千株樱花。城中的水族馆更是值得一游的地方，里面分为多个主题区域，每个区域都各具特色。

①名古屋城

乘坐地铁名城线在市役所站下车，步行 5 分钟可到。名古屋城是日本著名的城堡建筑，与大阪城和熊本城并列为日本三大名城。

②名古屋港水族馆

从名古屋城乘坐地铁名城线到名古屋港站下，名古屋港除了有优美的自然景色外，还有水族馆可以参观。

DAY 5 名古屋 → 大阪

早餐之后，赶上早班的新干线前往大阪，在大阪的环球影城玩，这是世界第三家以好莱坞为主题的影视乐园，里面有各种游乐设施和表演秀，处处都能体验到好莱坞的真正魅力。

①大阪

乘东海道、山阳新干线约 2 小时可到大阪。

②日本环球影城

从大阪乘坐大阪环状线开往樱岛方向列车，列车经过西九条站后更换为樱岛线，继续乘坐同一辆车至环球城站下车，步行可到日本环球影城。在这里可以游玩各类好莱坞电影主题的娱乐设施。

还记得嗓音沙哑的唐老鸭吗？还能想起聪明机灵的米老鼠吗？还会为《狮子王》的主题曲“风之彩”动容吗？我们回顾一下吧：

“来吧，跟我一起在松林间的小径上奔跑，尝尝大地甜美的果实。”

（Come run the hidden pine trails of the forest. Come taste the sun-sweet berries of the earth.）

“来吧，在四周肥沃的土地上打滚，就这一次，不去想那些东西值多少钱。”

（Come roll in all the riches all around you. And for once never wonder what they’re worth.）

“风雨和河流是我的兄弟，苍鹭和水獭是我的好友，我们彼此紧密相连，就如同一个永远没有缺口的圆圈。”

（The rainstorm and the river are my brothers. The heron and the otter are my friends. And we are all connected to each other. In a circle in a hoop that never ends）

当熟悉的音乐响起时，是不是依然会被那种渴望亲近自然、亲密无间的感情打动？

是的话，就来迪士尼乐园回味一番吧。这个被精心打造的动画王国，可以让我们有爱、有勇气、有感动和有梦想地走在人生旅程中。无论你现在是什么年纪，15 岁？ 20 岁？ 25 岁？ 30 岁？ ……70 岁？只要你知道迪士尼，就一定抗拒不了对它的怀念，也停止不了对迪士尼王国的憧憬。就像《玩具总动员》中长大的安迪，明知胡迪和巴斯光年是玩具、是动画片，但依然不想与它们告别，仿佛说了再见，就是对自己美好记忆的否定了。

游乐设施详情

东京迪士尼分为两大块，一块是游乐园，一块是海洋世界。乐园偏重于场景，基本都是梦幻的场景，供游客拍照合影，没有刺激的游玩项目。海洋世界有各种各样的游乐器械，精力充沛且不恐高、身体较好的游客会在这里找到极致的乐趣。迪士尼乐园不大，只要游玩顺序正确，掌握好时间，一天轻松逛完，所以不必购买多日票。热衷于玩遍迪士尼海洋各项目的游客，可以买多日票享受优惠。

东京迪士尼乐园游乐设施			
分类	游乐设施中文名	游乐设施英文名	特别说明
世界市集（World Bazaar）	便士拱廊	Penny Arcade	—
	迪士尼画廊	The Disney Gallery	—
	双层巴士	Omnibus	—
探险乐园（Adventureland）	加勒比海盗	Pirates of the Caribbean	有乘坐限制
	丛林巡航：勇闯野生世界	Jungle Cruise: Wildlife Expeditions	—
	西部沿河铁路	Western River Railroad	—
	鲁宾孙家族大树屋	Swiss Family Treehouse	—
	提基神殿：史迪奇呈献“Aloha E Komo Mai!”	The Enchanted Tiki Room:Stitch Presents “Aloha E Komo Mai!”	—
	奥尔良剧场	Theatre Orleans	有娱乐表演
西部乐园（Westernland）	西部乐园射击馆	Westernland Shootin’ Gallery	—
	乡村顽熊剧场	Country Bear Theater	—
	豪华马克·吐温号	Mark Twain River boat	—
	巨雷山	Big Thunder Mountain	有乘坐限制，FP 制
	顽童汤姆之岛巨木筏	Tom Sawyer Island Rafts	—
	广场楼阁舞台	Plaza Pavilion Bandstand	有娱乐表演
动物天地（Critter Country）	飞溅山	Splash Moutain	有乘坐限制，FP 制
	海狸兄弟独木舟历险	Beaver Brothers Explorer Canoes	有乘坐限制
梦幻乐园（Fantasyland）	小飞侠天空之旅	Peter Pan’s Flight	有乘坐限制

分类	游乐设施中文名	游乐设施英文名	特别说明
梦幻乐园 Fantasyland	白雪公主冒险旅程	Snow White's Adventures	有乘坐限制
	仙履奇缘童话大厅	Cinderella's Fairy Tale Hall	—
	米奇魔法交响乐	Mickey's Philhar Magic	3D
	小木偶奇遇记	Pinocchio's Daring Journey	有乘坐限制
	小飞象	Dumbo The Flying Elephant	有乘坐限制
	城堡旋转木马	Castle Carrousel	有乘坐限制
	幽灵公馆	Haunted Mansion	FP 制
	小小世界	It's A Small World	—
	爱丽丝的午茶派对	Alice's Tea Party	—
	小熊维尼猎蜜记	Pooh's Hunny Hunt	有乘坐限制，FP 制
卡通城 Toontown	兔子罗杰卡通转转车	Roger Rabbit's Car Toon Spin	有乘坐限制
	美妮公馆	Minnie's House	—
	奇奇帝帝橡树屋	Chip'n Dale's Treehouse	—
	艾芝迷你云霄飞车	Gadget's Go Coaster	有乘坐限制
	唐老鸭汽船	Donald's Boat	—
	高飞游漆屋	Goofy's Paint 'n' Play House	—
	卡通公园	Toon Park	—
	米奇公馆会米奇	Mickey's House and Meet Mickey	有迪士尼明星迎宾会
明日乐园 Tomorrowlan	怪兽电力公司“迷藏巡游车”	Monsters, Inc. Ride & Go Seek!	有乘坐限制，FP 制
	星际旅行：冒险续航	Star Tours:The Adventures Continue	有乘坐限制，FP 制
	太空山	Space Mountain	有乘坐限制，FP 制，3D
	巴斯光年星际历险	Buzz Lightyear's Astro Blasters	FP 制
	星星火箭	StarJets	有乘坐限制
	大赛车场	Grand Circuit Raceway	有乘坐限制
	歌舞基地	Showbase	有娱乐表演
备注，所有信息仅供参考，具体以官网为准			

预知停运时间

想要在迪士尼乐园玩尽兴，提前了解各项设施的停运时间非常重要。大多数场馆春末和夏初停运休整，而七八月份是玩水的最好时节，如果有假期的话，一定提前选好自己想玩的项目，定下游玩时间、预订门票，确保游玩顺畅，以免想玩的项目在出游期间停运。推荐安排周一至周五去玩，并且在其官网上预订门票 www.tokyodisneyresort.jp/sc，或者从携程等代理网站买票（价格可能略高），因为周末两天时间连买票都要排很长的队伍。

东京迪士尼的游乐设施停运时间			
东京迪士尼乐园		东京迪士尼海洋	
游玩项目名	停运时间	游玩项目名	停运时间
仙履奇缘童话大厅	5.29	迪士尼海洋渡轮航线	4.14 ~ 7.02
白雪公主冒险旅程	4.21 ~ 4.25	神灯剧场	5.11 ~ 5.28
星际旅行：冒险续航	5.11 ~ 5.18	海底两万里	5.11 ~ 6.19
怪兽电力公司“迷藏巡游车”	5.19 ~ 6.03	威尼斯贡多拉游船	7.06 ~ 9.04
小木偶奇遇记	5.20 ~ 5.29	风暴骑士	7.14 ~ 7.17
小飞侠天空之旅	6.01 至次年 2.29	地心探险之旅	8.31 ~ 9.18
太空山	6.22 ~ 7.15	水上逗趣船	9.24 ~ 12.27
豪华马克·吐温号	6.29 ~ 7.10	忿怒双神	9.28 ~ 11.20
提基神殿：史迪奇呈献	7.21 ~ 8.03	—	—
幽灵公馆	8.24 ~ 9.04	—	—
丛林巡航	9.03 ~ 9.18	—	—
西部沿河铁路	9.28 ~ 12.18	—	—
城堡旋转木马	10.01 至次年 7.31	—	—

东京迪士尼的娱乐表演停止时间			
东京迪士尼乐园		东京迪士尼海洋	
游玩项目名	停运时间	游玩项目名	停运时间
幸福在这里	4.06 ~ 5.14	幸福满夜空（焰火表演）	7.08 ~ 9.07
美妮，噢！美妮	5.18 ~ 6.14	—	—
电子大游行～梦之光	7.06 ~ 7.08	—	—
幸福满夜空（焰火表演）	7.08 ~ 9.07	—	—
超级跳跳跳	7.08 ~ 9.07	—	—

四季攻略

强烈建议品尝火鸡腿、迪士尼冰激凌、迪士尼爆米花等小吃，很美味，关键是在乐园外面买不到。

门票分类及价格

东京迪士尼乐园和海洋的门票类型非常丰富，给游客极多的选择，你可以根据自己游玩前的预算选票，也可以根据 1 天游玩后的心情决定是否升级票种，还可以办理年票经常来玩。

短期票分类

迪士尼短期门票分类					
中文票名	英文票名	18 周岁以上	12 ~ 17 周岁	4 ~ 11 周岁	简介
1 日票	1-Day Passport	6900 日元	6000 日元	4500 日元	供在乐园或海洋的任意一座园区游玩 1 天
敬老票	Senior Passport	6200 日元	—	—	65 周岁及以上游客用
2 日票	2-Day Pass-port	12400 日元	10800 日元	8000 日元	供游客连续 2 日游园
3 日魔法票	3-Day Magic Passport	16600 日元	14400 日元	10700 日元	供游客连续 3 日游园
4 日魔法票	4-Day Magic Passport	20800 日元	18000 日元	13400 日元	供游客连续 4 日游园
星光票	Starlight Passport	5400 日元	4700 日元	3500 日元	星期六、日及法定节假日 15:00 后进园
18:00 后的票	After 6 Passport	4200 日元	4200 日元	4200 日元	周一至周五（法定节假日除外）18:00 后

四季攻略

4 周岁以下儿童免票。要格外注意的是开车往返于东京迪士尼乐园和东京迪士尼海洋之间时，需要在两座园区的停车场支付停车费。

魔法票使用条件

持 3 日、4 日魔法票的游客，第 1 天和第 2 天不可在同一天内游玩两座园区。持 2 日票的游客不可在同一天内游玩两座园区。

四季攻略

"特别连日票"是特别发行的园区门票，比起魔法票自由度更高。游客从游园的第 1 天起即可在同一天内随意游玩两座园区。只要住宿于迪士尼饭店，即可购买"特别连日票"。

旅游途中常见日本文字及含义

日本文字	含义	日本文字	含义	日本文字	含义
旅券（パスポート）	护照	ビザ	签证	時雨	秋末冬初阵雨
酸素	氧气	交番	派出所	両替	换钱
泊まる	住宿	観光（かんこう）	观光	税関（ぜいかん）	海关
荷物（にもつ）	行李	情報	资讯	サービス	服务
予約（よやく）	预订	ガイド	导游	名所（めいしょ）	名胜
宿泊料金	住宿费	ホテル	宾馆	バー	酒吧

秋季

邂逅五彩日本

日本的秋天，拥有纯净的蓝天、白云，安静的雪山，和成片被染上色彩的树林。这样大气的景观，深受旅游爱好者的推崇。在山间看红叶，就像是油墨画般，这里一片，那里一块，给人酣畅淋漓之感。

9月北海道“非诚勿扰”

9月的秋高气爽比起夏天的燥热让人的心情多了几分轻松和快乐。这个时节在户外玩，一定记得带上雨具。9月一定别错过北海道的“非诚勿扰”路线，在各大旅行社均可询问该路线的具体信息。路线包括葛优他们刚到的火车站、阿寒湖边的温泉饭店、小教堂及舒淇“跳崖”的海边等。

阿 寒 湖

日本，北海道东部

10月看猴子泡温泉

十一长假还没有到来，就有很多人惦记上了。在这蟹膏正肥、蟹黄金红的时节，如果能到日本找处亲近大自然的温泉胜地，泡个温泉，就惬意极了。饿了，吃份海鲜继续泡，困了，找个小屋休息会。喜欢尝鲜的游客，还可以观赏动物泡温泉的乐趣场景。到汤川的热带植物园，你会看到一大群猴子泡在热水池里，搞笑的动作，慵懒的神态，都让人觉得很有意思。

地狱谷温泉

日本，本州岛，长野县，长野市

11月枫红还是杏黄

到 10 月底，天气渐凉，树叶开始进入变色的过程。如果 11 月初有霜降临，一觉醒来，大地就换了新装。巴掌般大小的枫叶似乎一夜变红，高大银杏树上，小扇子般的叶子也变得金黄。这些彩色树叶像蝴蝶般飘飘扬扬地落在公园草地上，顿时天地同色，人站在树下，有了更美的视角，让人心醉。

清水寺

日本，京都，音羽山

秋季热线

雾影枫林秋赏叶

推荐理由：秋天的日本有着纯净的蓝天、白云，静美的雪山，同样也是层林尽染，漫江碧透。你可以一边舒服地泡温泉，一边看满山红枫；在东京的上野公园和浅草寺，会看到红色、绿色、黄色相间的花木丛中若隐若现的古典日式亭台。身穿传统和服的女子撑着纸伞漫步在落叶纷飞的小道上，更是一番柔美韵味。

DAY 1 京都

京都的岚山公园以古老的红松为主体，园中樱花树与枫树交织的林荫路上，正是赏枫的好时节。祇园是日本最著名的歌舞娱乐地区，有 300 多年历史，已成为日本的保护景区。参观完祇园之后，可以到附近的八坂神社去转转。

①岚山

乘坐 JR 嵯峨野线（即山阴本线），在嵯峨岚山站下车，再步行约 10 分钟就可以看到岚山漫山遍野的红叶景色。

②祇园

从岚山公园车站乘坐 28 路公交车，在四条大宫站下车换乘 201 路公交车，到祇园站下车，在祇园附近餐馆和土特产店云集。

③八坂神社

从祇园车站步行约 2 分钟可到八坂神社，八坂神社的原称是“祇园神社”，该神社举行的祇园祭与东京的神田祭与大阪的天神祭并称为日本的三大祭。

DAY 2 京都 ······▸ 横滨

第2天从京都前往横滨，游览山下公园。山下公园以最佳的散步景观知名，步行道上种植着100多棵巨大而古老的银杏树，每到秋季便金黄一片，甚是壮观。中华街就是日本对唐人街的称呼，来到横滨，不妨到这里看看当地华人的生活场景。

①横滨

从京都火车站乘坐东海道、山阳新干线，约2小时到达新横滨车站，宿横滨。

②山下公园

从新横滨站乘坐横滨线到菊名，换乘东急东横线，到元町、中华街站下车，山下公园、中华街等横滨标志性景点都在附近，步行即可游览。

DAY 3 横滨 ······▸ 镰仓

早上从横滨搭车前往镰仓，镰仓是一座有着近千年历史的古城，拥有众多历史文化建筑和美丽的自然景观。秋季去镰仓，一定要去欣赏一下著名的镰仓大佛，这尊青铜大佛重达120多吨，在秋高气爽的蓝天白云下非常壮观。

①镰仓大佛

从横滨乘坐JR横须贺线30分钟即可到达镰仓，换乘江之电到长谷站口出，步行10分钟可到高德院，世界著名的镰仓大佛就安坐在这里。

②镰仓→东京

从镰仓车站乘坐横须贺线约1小时可到东京站，宿东京。

DAY 4 东京

经过一夜的休息，早餐之后先到东京最具人气的涩谷走走，之后到位居日本五大神社之一的明治神宫赏秋花、赏红叶。傍晚时分从明治神宫前往新宿的歌舞伎町体验东京夜生活。

①涩谷

乘坐地铁副都心线、银座线、半藏门线，都可到达涩谷站，这里是东京最繁忙、最有特色的区域之一，著名的“涩谷 109”大楼就在这里。

②明治神宫

乘坐地铁副都心线（Fukutoshin Line），在北参道站（Kitasando Station）下车，向西南步行约 600 米可到明治神宫，这里是日本赏红叶的首选地之一。

③新宿

从明治神宫附近的代代木车站或原宿车站乘坐山手线，至新宿站下车，即到东京著名的繁华商业区。

④歌舞伎町

从新宿车站向东北角步行约 7 分钟可到歌舞伎町，这里有数不清的餐厅、电影院、游戏场、酒馆等。

DAY 5 东京

上野公园是日本第一座公园，其历史和美景都值得人们细细品味，公园中有东京国立博物馆等历史建筑，在这里你可以对日本、对东京有更深的了解。离开公园后可以前往东京的标志性建筑——东京塔，夜晚的东京塔灯火绚丽，附近也有许多美食商店。

①上野公园

乘坐地铁银座线，在上野站下车，向北步行即到，上野公园的秋天虽然没有了樱花，但片片红叶依旧十分美丽。

②东京国立博物馆

从上野公园步行约 10 分钟可到，东京国立博物馆就位于上野公园的深处，在绿树红叶的掩映下。博物馆中能看到很多关于日本历史文化的展览。

③东京塔

从东京国立博物馆出上野公园后，在滨松町车站乘坐山手线至莺谷下车，步行 5 分钟可到东京塔，夜幕下的东京塔被灯光点缀的更加绚烂多彩。

DAY 6 东京

到东京游玩，浅草寺是万万不能错过的，在游览完东京晴空塔后，可以将更多的时间留给浅草寺。台场东京的人造陆地，是东京娱乐最集中的地区，在这里游玩一定要待到晚上，夜景和灯火将会令你沉醉。

①东京晴空塔

乘坐地铁浅草线在押上站下车，向西北步行约 200 米可到，东京晴空塔是东京的又一地标性建筑。

②浅草寺

从东京晴空塔乘坐 8 路公交车至浅草寺站下车，步行可到，浅草寺是东京第一古寺，香火旺盛，雷门附近还有热闹的仲世见街。

③台场

从浅草站乘坐浅草线，到新桥站换乘海鸥线，至台场站下车，步行可到。台场又称御台场，是东京最新的娱乐场所集中地，在这里，无论是赏夕阳还是看夜景，都会让人终生难忘。

专题 日式地道泡温泉

日本的温泉数量在世界各国中都名列前茅。实际上日本的“泡温泉”应该叫“泡汤”。深秋，人的筋骨因寒冷变得僵硬和有束缚感，如果能在45℃的热水里泡一段时间，让全身放松下来，会是十分惬意的享受。日本温泉大多位于风景优美的天然未开发地，这种环境能催生人们对温泉的留恋。试想，当你在纯天然的环境中身心放松时，有几个快乐年轻的女孩子，在似近不近、似远不远的池中追逐打闹，银铃般的欢笑弥漫在空气中，是不是颇有画面感。如果你喜欢看“温泉文学”《伊豆的舞女》，那一定要到天城汤本馆、天城之路来寻访小说中提到的景点。

天城汤本馆

天城汤本馆（天城湯ケ島温泉）因川端康成先生的《伊豆的舞女》而闻名于世。馆内完整地保留着川端先生当年居住的房间，物品摆放得跟从前一样。这是个有历史且文艺的地方，非常适合向往纯净爱情的游客前往。馆内有温泉可体验，也可去走天城之路，景色优美，细读过原著的人更能感受到作者笔下唯美的风景及细腻的情思。

静冈县伊豆半岛天城山北侧山麓

从东京乘坐新干线在三岛站下，换乘伊豆箱根线，约45分钟到修善寺站下，到站后搭乘东海巴士到温泉寺旅馆下车，徒步数十分钟可到

www.yumotokan-izu.jp/index.html

单人间约18000日元/晚，双人间约24000日元/晚

0558-851028

日本人气温泉场所

目前世界各地大部分的温泉场所都是综合型的，在日本也不例外。如果一定要分，从功能上看有专营住宿的温泉旅馆（大点的叫温泉酒店，两者主打住宿，配均有较小的温泉）和专营温泉的温泉度假村（含较为舒适的住宿）。从性别上看，有区分男女的温泉场所，也有个别男女混浴的场所，但随着社会的发展，现在混浴场所已经极少了。

下田大和馆

下田大和馆（Shimoda Yamatokan）面朝大海，出了酒店步行几步就到沙滩，是度假最好的地方之一。你可以边泡温泉，边欣赏海景。在住店前等待时还可品尝抹茶和点心。酒店以日式装修为主，提供按摩机和海鲜大餐。

- 静冈县伊豆，下田市吉佐美 2048
- 从东京乘坐东海道新干线，1 小时后在热海下，换乘 JR 伊东线，0.5 小时后在伊东下，换乘伊豆急线，1 小时候到下田
- www.shimoda-yamatokan.co.jp/english/index.html
- 单人间约 14000 日元 / 晚，双人间约 18000 日元 / 晚
- 0558-221000

大月酒店和风馆

大月酒店和风馆（Otsuki Hotel Wafukan）是茶室造型的酒店，环境清幽，地处热海闹市区，每间客房各有情趣，距离河津七瀑布约 15 千米。酒店住房面积很大，非常舒适，房间内供日式睡袍，室外有大型温泉浴室，22:00 后入住能够享受较为安静的泡汤环境。酒店有免费早餐和晚餐，通常为日式风味，还提供专业怀石料理。如果亲子出游，可以享用 150 平方米左右的套房，每晚约 2000 元人民币。套房里面有两张大床，有茶室，有泡温泉的独立浴室及分开的卫生间。

- 静冈县热海，东海岸町 3-19
- 从东京站乘坐 JR 东海道新干线，约 35 分钟到热海站，步行约 12 分钟可到
- www.wafuukan.com/access/index.html
- 单人间约 18000 日元 / 晚，双人间约 26000 日元 / 晚
- 0557-816111

箱根王子酒店

箱根王子酒店（The Prince Hakone）坐落在芦之湖畔，住宿环境堪称一流，客人可以通过客房的窗户直接眺望富士山。酒店工作人员的服务特别好，会帮助客人把行李直接拎到客房内，不过他们的英语口音比较重，也不太容易听懂我们的英语。如果要顺利沟通，建议多说几遍。入住时，如果遇上细雨，那真是天公作美了，雨气迷蒙的环境下，这个酒店更有韵味。酒店温泉水质非常好，属于高硫黄的火山口型温泉。唯一不足就是位置偏远些，适合专程来度假的人。

- 神奈川县，足柄下郡箱根町元箱根 144
- 从东海道本线小田原站出发，乘坐出租车 45 分钟，或乘坐伊豆箱根巴士 1.3 小时，在箱根园下车；从小田特快 Romancecar 号箱根本站出发，乘坐出租车 30 分钟，或乘坐伊豆箱根巴士 1 小时，在箱根园下车；从东海道新干线三岛站出发，乘坐出租车 50 分钟
- www.princehotels.com/zh-cn/the_prince_hakonel
- 标准间（无论单人，双人）约 26000 日元 / 晚
- 0460-831111

鸭川馆

鸭川馆（Ryokan Kamogawakan）被太平洋和松树林环绕，有优美的“茶室”建筑式样。酒店工作人员会以最真诚、最周到的服务，让住客度过充实且难忘的旅程。鸭川馆的菜肴风格独特，带有南方特色的矶料理（海鲜料理）不仅品种丰富、口味多样，而且做工精致。泡在鸭川馆青松环绕的露天浴池里吹吹海风也好、在屋顶一边泡着足汤一边欣赏太平洋壮丽的景观也好，只要你将身体浸在温泉中放，就能感觉无比的惬意和轻松。

- 千叶县鸭川市，西町 1179
- 乘坐 JR 外房线“Wakashio 号”，从 JR 东京站到 JR 安房鸭川站，约 2 小时到
- www.japan-ryokan.net/kamogawakan/zh-CNl
- 传统日式房间约 38000 日元 / 晚起
- 04-70934111

土肥温泉花园酒店

西伊豆的土肥温泉花园酒店（土肥温泉の庭園旅館）地处土肥市中心，正面临海，背靠天城山群。在这能欣赏如诗如画的日式传统庭园，体验各具风情的露天浴池，品尝精致美味的海鲜佳肴。酒店房间分为“诗季亭”“海花亭”等，其中“诗季亭”里的“山水”是私人温泉浴池，住客可以预约后使用，一次 45 分钟。在男女露天浴池（Yuraku）里，可观赏到伊豆特有的热带植物。另外，庭院里面的鲜花和水中的鲤鱼，也让在这里度假的人享受到更有情调的生活。美食方面，厨师长推荐的海鲜大餐极为震撼。

- 静冈县伊豆市土肥 284-2
- 从东京乘坐新干线约 1 小时至三岛站，后转乘伊豆箱根线约 30 分钟至修善寺站，后坐巴士约 50 分钟至土肥，再步行 2 分钟可到
- www.toi-arai.co.jp
- 单人间约 16000 日元 / 晚
- 0558-981000

浅羽楼酒店

浅羽楼酒店（Asaba Ryokan）深得法国名流好评，已有 300 多年历史。该酒店保留有一座明治时期的能舞台（旅馆主人代代热衷能剧），可供客人欣赏日式传统戏剧表演，也可举办传统日式婚礼。新郎在能舞台上安静地等待新娘和其父亲乘坐小船前来的情景，如果再有蒙蒙的细雨落在水面上，那将是更美的画面。

酒店客房都有开放式的望景窗，洗脸池前是透明的玻璃，可供欣赏窗外美景，浴室有桧木浴池，散发着淡淡的木香。客房类型除了传统日式风格外，还有新颖的欧式客房。

- 静冈县伊豆市，修善寺 3450-1
- 乘坐新干线，在三岛站下换乘伊豆箱根线，约 45 分钟到修善寺站下，到站后搭乘东海巴士到温泉寺旅馆下车，徒步约 15 分钟即可到达
- 0558-727000

箱根小涌园饭店

箱根小涌园饭店（Hakone Hotel Kowakien）是小涌园最古老的建筑，包含3座饭店用楼及1家水疗游乐园。饭店大堂前有着一片开阔而美丽日本花园，在夏季的夜晚，可以看到萤火虫飞舞。每个客房内都配有与大厅相连的带浴池浴室，客人可以在浴缸中放满热温泉水，边泡澡边看电视。另外，饭店的WakuWaku SPA提供按摩服务；Sucre Beauty Salon提供身体和指甲护理服务；Bar Gardenia的卡拉OK房提供娱乐设施。值得一提的是，饭店距离箱根露天博物馆、芦之湖、箱根强罗公园都非常近。

- 神奈川县，足柄下郡，箱根町二之平（Ninotaira1）1297
- 从成田国际机场第2航站楼出发，乘坐京成天际线（Skyline），在日暮里站下车，换乘山手线到新宿站下车，换乘小田急浪漫特快到箱根汤本站下车，换乘箱根登山线到小涌谷站下车，再步行约14分钟
- www.hakoneho-kowakien.com/index.html
- 普通双人间约16000日元/晚，带榻榻米区的花园景尊贵间约65000日元/晚
- 0460-824111

大江户温泉物语

大江户温泉物语（Oedo Onsen Monogatari）是东京最早也是最著名的“温泉主题乐园”，一共有6个温泉汤池可供游客边泡汤边观望星空其中主打地下1400米深层矿物水的“大江户温泉”和“黄金之汤”是最受欢迎的汤池。“黄金之汤”的水色泽金黄，颇为神奇。浴场提供的浴袍有十几种款式，餐厅有十几家供选，各种护理一应俱全。园内再现了江户风貌的古老街坊，以“广小路”为主要街道，让游客可以玩吹箭、套圈，尝试做棉花糖等娱乐活动。由于该乐园是“吃、住、游、购、娱”一站式综合园，所以每天客人爆满，一定要提前预约。

- 东京江东区，青海2-6-3
- 乘坐东京电车临海新交通百合鸥线，在电信中心站（Telecom Center Station）下车，向西南步行约200米即到
- www.ooedoonsen.jp/daiba/onsen/index.html
- 约26000日元/晚
- 03-55001126

轻松看懂温泉常用语

日语有不少与中文相通的部分，即便没有学过日语，很多人也可以猜出一些词的含义。比如日本文字的“妻”就是妻子的意思，“吃茶”是喝茶的意思，“浴衣”是浴袍的意思。也有些日本文字字形与汉字相同，意思截然不同，比如“朝飯前”是简单的意思，“手纸”是信的意思，“女将”是女老板的意思。还有些日本文字完全就不认识。但是有了下面内容，享用日式温泉就很轻松了。

温泉场所常见日文及含义	
温泉场所常见的日本文字	含义
浴衣（ゆかた）	不压迫身体的日本传统休闲服饰，可穿浴衣在旅馆内或温泉街上行走
手ぬぐい（てぬぐい）	35 厘米 ×90 厘米的方巾，用以洗身体、擦干身上水分，顶头上防脑充血
温泉タオル（おんせんタオル）	印有温泉地名的手巾，很精致，适合买来作礼物送人
鍵付きロッカー（かぎつきロッカー）	置物柜带锁，用来放个人贵重物品，其他的物品（如脱掉的外衣和不贵重的箱包等）可以放在更衣橱的篮子里面
温泉分析書（おんせんぶんせきしょ）	温泉分析书，在更衣橱和浴室前就能看到，标明温泉水质（如硫黄为主还是其他矿物质）、适合身体状况等，可用拍照翻译方式获知详情
源泉かけ流し（げんせんかけながし）	源泉水，指让温泉不经任何的加水稀释、加温、循环过滤处理，直接注入浴槽中，从浴槽里满溢出来的温泉水不经循环使用直接排出
濁り湯（にごりゆ）	浊泉，是颜色为浊白色或茶褐色等浑浊颜色的温泉，大多因为与空气接触改变了水中成分导致，没有大碍，实在不喜欢水浑浊可换其他
混浴（こんよく）	混浴，指男女在同一浴场里泡汤，传统的混浴是全裸入池，现在有些地方也允许包毛巾或是穿泳装、泡澡装下去泡汤了
立ち寄り湯（たちよりゆ）	温泉设施，指可不住宿，纯泡温泉，或是指提供这样泡温泉服务的地点，通常这里价格低廉，故人气很高，有些地方供用餐和休息
湯の花（ゆのはな）	汤之花，指温泉中不溶性成分析离成固体沉淀，收集后做成粉状或固体状商品，是温泉地的特产，以草津温泉和别府温泉的汤之花最有名
温泉卵（おんせんたまご）	温泉蛋，在 65℃～70℃的温泉水中放入生鸡蛋浸泡约 30 分钟，形成蛋白比蛋黄还软、半生状态的美食
屋外の風呂	就是露天的浴场，一般这样的浴场周围风景都非常优美

日式正宗泡温泉法

找到日本泡温泉的场所后，就需要按照性别来区分，了解这家场所的状况及正宗日式温泉的泡法。一般来说，室外温泉主要供人泡汤的同时享受优美的风景，大多数分男场和女场，标明了混浴的温泉则不分。室内温泉在极端天气状况下比较受欢迎（如暴雨、雪后等），将泉水从外面引入室内，可以在天气状况不佳的情况下供客人享用，大多分男女。室内温泉区分一般是看门帘上的字，大多汤馆男的用“男（Man）”字代表，女的用“女（Woman）”。室外没有明显区分标识，看水里泡着的游客性别即可。

室外温泉的泡温泉处和冲澡处一般分离，不太容易违背规则。但是日本室内温泉（温泉屋等）大多冲澡处就在温泉旁边，如果不先冲澡，容易惹恼当地人。下面以在室内温泉泡的方法为例，来描述一下正宗的日式温泉泡汤法。

归置好自己的鞋子

进入温泉屋玄关，脱换鞋子时，牢记小心轻放，并把脱去的鞋子整齐摆好，若旁边有鞋柜，需要自己动手把鞋子放到鞋柜里。

绕过玄关（布帘）后脱拖鞋

妥善储存贵重物品

在通往更衣室的回廊或者更衣室里，通常会有置物柜，在购买温泉券并付费后，可以前往置物柜储存贵重物品。收费为 100 ~ 200 日元（折合人民币约 6 ~ 12 元）。有的置物柜存放前必须投币，取物后还能退回，那种属于不收费的置物柜，因此建议用前先阅读一下使用说明。

储物柜

储物柜

放好脱下的衣物

在脱衣区，有专门用来放个人衣物的篮子，一般来说一个人一个篮子。脱下衣物后，应将自己所有个人物品整齐地摆放在一个篮子里，并将篮子归位。

衣物篮子

温泉区的衣物篮子

冲洗干净身体

必须先净身才能“入浴”，有的室内温泉提供浴液等物品，有的禁止使用香皂（室外的一般都禁止使用香皂或者沐浴露、洗发水等），你只需要用喷头里面的水和自己的毛巾净身。

在提供浴液或者允许使用香皂的温泉场，净身后一定要冲干净身上剩余的皂液。

冲洗的时候一定要坐在浴场提供的凳子上，不能站着，尤其是身边有很多坐着的人以及旁边就是汤池的情况下，站着会被认为极不尊重别人。净身动作越小越好，洗头时，也把脸朝地面，这样冲水时可以避免把水滴溅得到处都是。

日本泡温泉之前的沐浴处，要坐在椅子上洗浴，旁边有沐浴液之类的也可使用。

如果自备沐浴乳或洗发精，使用后一定要将这些物品放回自己的衣物篮子里面，且返回更衣室的时候，要擦干净身上的水滴。如果觉得这样非常麻烦，则一定要将自己的物品整齐地放在角落里面，不要占用他人的净身空间。

提供沐浴露和洗发水

泡汤处就在净身处旁边

轻缓进入汤池

进入温泉池，尽量以减少干扰为最大原则，慢慢地入浴以减少水的波动。可以大方地跟对方点头微笑打招呼，说声“失礼”后入浴。然后，找个位置屈膝坐着，双手轻放在膝上即可。自备的毛巾一定放在温泉外，当地人认为无论多干净的毛巾都不能放在泡汤的水里，如果觉得放在温泉外怕被弄脏，也可以将毛巾包在自己头上。

四季攻略

泡温泉时，用橡皮筋、发夹或毛巾等盘好头发。慎重使用浴帽，因为那样会被认为不雅观。

以静为贵

大多数的日本温泉场所还是以当地人泡温泉为主，如果不是包了场子任性玩的话，通常还是要顾虑当地人的习惯。当地人泡温泉喜欢静养，大多数都是闭目养神，即便要闲聊，声音也是耳语级别。且要切记，聊天的话题不要太深入，不要讨论国事之类。

四季攻略

忌大声讲话、抽烟、喝酒、入浴前没净身、盯着别人看、大摇大摆地大动作来去，甚至奔跑等。

把握时间不贪长

单次入温泉以0.5小时为宜，千万不要贪久，以免对身体造成伤害。泡后离开温泉池时，也要轻缓。到淋浴区，冲洗身体，用毛巾擦干，再到更衣室。建议自备两条毛巾，这样有一条干毛巾可供回到更衣室后使用，再擦一遍身体和头发，然后使用吹风机。

四季攻略

绝对不能把毛巾放到温泉池里，也不能把温泉池当成洗脸盆或脸部按摩池。如果要用温泉水拍拍脸的话，最好在进入温泉池前拍一拍脸。

稍作休息喝点水

泡完温泉后，一般都会感到非常渴，这是正常现象。从更衣室出来后，大多数人都会到休息室喝茶，吃点点心等。如果游客进入的是度假主题的温泉，一般会有丰盛的小吃，如果在温泉场所住宿的话，更可享到很多娱乐设施。

四季攻略

日本有些温泉的温泉水可以饮用，注意寻找有饮用许可的温泉的泉眼。温泉水不能喝得太多，1杯足够，且要一点点地慢慢饮用。盐化物泉、碳酸氢盐泉适合饭前饮用；含铁泉、放射能泉适合饭后饮用。饮用含铁泉后不可立即喝茶、咖啡等，临睡前不可过量饮用温泉水。

必须混浴怎么办

你真的确定不是有意买错了票吗？如果不慎买错票不得不混浴怎么办呢？虽然绝大多数人不会相信你是买错了票，但是不得不混浴的时候，多少还是要经过一些心理挣扎。实在接受不了，就放弃或者转让。注重体验的人，其实过了心理那关，在大家都自然面对的环境下也就坦然了。

在日本，男女混浴是传统习惯。温泉水通常颜色浓郁，呈白色或者黄色，并不是清澈透明的，因此人在池子中，水下的部分并不会被看清。日本男女都以健康的心态、平和的眼光彼此看待，会在混浴时聊天休闲，而年轻一辈，更会在混浴时以嬉水拉近关系。也有不少外来游客，会在混浴时选择穿泳衣裤。需要提醒的是，如果你要穿泳衣裤，请确保衣裤干净。

下面推荐几个男女混浴温泉。

宝川温泉汪泉阁

宝川温泉汪泉阁（宝川温泉汪泉閣）与一个传说相关，相传一位力大无穷、足智多谋的日本武尊，辅助当时的君主开疆扩土，即便他身强体壮，但在征伐东部国家的征程中，他差点患病卧床。一天，他偶然发现远方近敌处仿佛有白色的鹰在盘旋，深感奇怪，便前去探寻，发现那里有“来自于地下的热水”，正好非常疲惫，就下水泡了澡，不曾想泡完顿觉神清气爽，病很快痊愈。于是起名为“白鹰之汤”，而后发展为现在的宝川温泉。如今该温泉有 4 个室外温泉、3 个混浴、1 个女性专用，也有室内男女温泉各 1 个，设备齐全。

- 群马县利根郡，水上町藤原 1899
- 从东京站乘坐上越新干线到上毛高原站，换乘大巴往水上站方向行驶，下车后，直接乘坐到宝川温泉的大巴
- www.takaragawa.com/chinese.html
- 普通双人住宿，约 1.6 万日元 / 晚，含 2 餐
- 14:00 至次日 10:00（泡温泉随意）
- 0278-752611

大泷乃汤

大泷乃汤（大滝乃湯）是“日本 3 大名汤”之草津温泉群中的一处名扬世界的温泉场所。草津温泉在人们心中有至高无上的地位，其著名的“打汤花”传统表演，再现了几百年前人们用人工方式冷却温泉水的场景，深受游客欢迎。也有说法是，“打汤花”可让温泉中的各种元素更均衡。大泷乃汤的混浴方式比较独特，浴场为木质，设有从低温到高温的 5 个浴池，使很多一下子难以接受高温泉质的游客能够慢慢适应。

- 群马县吾妻郡，草津町大字草津 596-13
- 从东京站出发，乘坐谷川号，经过约 1 小时，在高崎站下车，换乘 JR 新特急草津号，约 1.5 小时，在长野原草津口站下车，换乘前往草津温泉的巴士，约 0.5 小时到草津
- www.ohtakinoyu.com
- 约 500 日元 / 人，超便宜
- 0279-8826001

温泉疗效早知道

皮肤粗糙、角质厚，我都不想摸自己的脸。神经痛、肌肉痛，各种痛，泡温泉能救吗？神经衰弱、晚上睡眠浅，泡温泉有帮助吗？你可算找到答案了。嫌这本书太重？你干脆把这页撕下来带着出游吧，肯定错不了。

选对温泉种类再行动			
分类	泉质简介	疗效	推荐温泉
纯温泉	无色透明、无味无臭，含微量元素，大多在34℃，对皮肤温和无刺激	适宜老年人，及皮肤敏感、需要疲劳恢复等的人，对高血压、动脉硬化、神经衰弱、神经痛、肌肉痛、关节痛、跌打损伤、慢性消化器官疾病、痔疮、怕冷等有疗效	岩藏温泉、大原温泉、岚山温泉
二氧化碳泉	以冷矿泉和低温泉居多，饮用有清凉感，保温效果好，该种泉很稀少	除了纯温泉疗效外，对扩张毛细血管、降血压有奇效，防治动脉硬化、刀伤、烧伤，饮用可治疗慢性消化器官疾病、慢性便秘	吉野温泉、汐之汤温泉、盐田温泉
碳酸氢盐泉	无色透明的碱性泉，以碳酸氢钠为泉质主体，也含食盐、芒硝等盐类，可以溶化无色透明肥皂	号称“美人汤”，可软化皮肤角质层，清除皮脂和分泌物，镇静、消炎止痛，治刀伤、火伤，对痛风、慢性胃炎、糖尿病、荨麻疹、过敏性皮炎有疗效，饮用可促进胃酸和胆汁的分泌	鹤居村温泉、京都竹之乡温泉、箕面温泉
盐泉	泉水与海水成分十分相似，保温效果好，数量很多	也被称为“热泉”，能减缓关节痛、肌肉痛，适合病后的复原、跌打损伤、妇女病等，饮用可缓解肠胃病	定山溪温泉、汤川温泉、大江户温泉
硫酸盐泉	含镁、钙、钠等多种矿物质，分芒硝泉、石膏泉、正苦味泉等	芒硝泉对便秘和胆道疾病有疗效；石膏泉具有镇静作用，可预防高血压和动脉硬化；正苦味泉有助于防治高血压、动脉硬化等	平矶温泉、伊豆高原温泉、大阿苏火山温泉
铁矿泉	指铁矿泉和绿色泉，铁矿泉泉水涌出前无色透明，遇空气后变色，疗效减弱	铁矿泉富含铁，经常入浴和饮用，对贫血、更年期综合征、风湿等有疗效，对于人体保温也很有效；绿色泉有收缩皮肤和黏膜的作用，可治疗慢性皮肤病、结膜炎、慢性黏膜疾病、手足多汗症及静脉瘤（良性肿瘤）等	有马温泉、白金温泉、二世谷汤本温泉

四季攻略

提醒一下，以上泉水适合的症状都是被允许泡温泉的人群，而不适合泡温泉的人群包括以下：1. 非良性肿瘤患者（经手术摘除或治愈者除外，否则易加速病发）；2. 各种急性疾病患者，尤其发烧患者不可；3. 结核以及结核性疾病患者（传染性太强）；4. 伤寒、赤痢、流感等传染病患者；5. 心脏病、恶性贫血、紫斑病、白血病、癫痫、脊椎骨疽、胸膜炎患者；6. 身体极衰弱者；7. 怀孕初期与临产的孕妇（易滑胎）。这个讲究不只局限于在日本泡温泉，也是所有温泉场通用的讲究。

冬季

在希望的雪野上

日本部分地区冬天的雪格外多，隔几天就会下一场，但是不会有很明显的温度变化。雪后的节庆，更衬托了仪式的传统味道，人们都庄重地祈愿生活更美好。这种希望，削弱了缺少娱乐活动的无聊感，能带给人们充足的愉悦，也能感染身边的人。

12月圣诞声光秀

圣诞节被日本人普遍接受。12 月的圣诞节，早在 11 月底就开始准备：商店里播放圣诞歌曲，蛋糕店出售圣诞蛋糕，街边的树木上装饰小彩灯，彻夜闪亮，带有庭院的家庭还在庭院的树木上张灯结彩。这强大的阵势，令人印象深刻。不过更神奇的是，12 月 25 日一结束，圣诞节的装饰就会全部换成正月装饰，各种门松成为主流，正月物品也随处可买，背景音乐也变成了“正月”。

台 场

日本，东京市

1月品御节料理

每年阳历 11 月左右，御节料理就成为百姓们热门的话题，到了 1 月，该料理带给人们的欣喜程度更是达到了高峰。现代御节料理大多是在除夕事先做好，跨年后全家人悠闲品尝，（御节料理大多是可定制的半成品）。御节料理的精致程度让人咂舌，传统的这种美食套餐，讲究用艺术手段将美食摆在 4 层空间里（实际 5 层，1 层装福气），体现 5 种颜色搭配，融汇 5 种烹饪方法。想要一探究竟的游客，不妨自己来体验吧。

传统新年菜

2月徜徉雪祭庆典

冬末春初的日子里，世界各地的人们都为迎春铆足了劲，东南亚各国均有盛大春节庆典，日本札幌的雪祭庆典也是其中之一。在这个庆典上，人们可以吃拉面、饮啤酒，白天滑雪，晚上赏冰雕。

札幌雪祭

日本，北海道，札幌

冬季热线

情迷雪国冬向北

推荐理由：日本的冬天是雪白的，尤其是北海道地区，无论路面还是山林都被厚厚的白雪覆盖。浅草寺、上野公园都被裹上一袭银装。在札幌的滑雪场却是热闹非凡，到这里可以尽享大自然带给人们的无限欢乐。

DAY 1 大阪

到了大阪不妨先到心斋桥逛逛，这里是大阪最著名的购物中心，商铺林立，其中不乏百年老店。大阪还有一座美丽的大阪城公园，它是完全免费开放的城市公园，园中绿地青翠，下雪的时候尤为美丽。

①心斋桥

乘坐御堂筋线地铁心斋桥站下车，这里出售众多的日本特色小吃和旅游纪念品，可在这里购物。

②大阪城公园

从心斋桥站乘坐地铁长堀鹤见绿地线，在森之宫站下车步行可到。大阪城公园面积广阔，在冬季初雪的时候格外美丽。

DAY 2 大阪 → 东京

上午从大阪搭车前往东京，参观最具活力的涩谷，从涩谷前往历史久远的明治神宫，这是今天游览的主要地区，是赏枫赏雪的好去处。欣赏完宁静的明治神宫可以再去感受一下夜晚的新宿，此时的新宿更具魅力，动感的音乐响彻灯火迷离的街头。

①东京

在大阪车站乘坐 JR 东海道、山阳本线，约 3.5 小时可到东京。

②涩谷

乘坐地铁副都心线、银座线、半藏门线，可到达涩谷站，这里是东京最具年轻活力的地区。

③明治神宫

乘坐地铁副都心线（Fukutoshin Line），在北参道站（Kitasando Station）下车，向西南步行约 600 米可到明治神宫，这里是日本赏红叶的首选地之一。

④新宿

从明治神宫附近的代代木车站或原宿车站乘坐山手线，至新宿站下车，这里是东京著名的繁华商业区。著名的歌舞伎町就位于这里，还有数不清的餐厅、电影院、游戏场、酒馆等。

DAY 3 东京

来东京的第二天，有一整天的时间可充分游览。东京晴空塔是东京的标志性建筑之一，附近的浅草寺以及闻名遐迩的上野公园更是整个日本最为著名的景点。如果时间充裕，晚上可以到东京塔下走走，据说这里有东京最美的夜景。

①东京晴空塔

乘坐地铁浅草线在押上站下车，向西北步行约 200 米可到，东京晴空塔是东京的又一地标性建筑。

②浅草寺

从东京晴空塔乘坐 8 路公交车至浅草寺站下车，步行可到，浅草寺是东京第一古寺，香火旺盛，雷门附近还有热闹的仲世见街。

③上野公园

参观完东京最古老的寺院，从浅草站乘坐地铁银座线约 15 分钟至上野站下车，游览著名的上野公园，上野公园内游人如织，还有动物园、美术馆、博物馆可以参观。

④东京国立博物馆

东京国立博物馆就位于上野公园的深处，博物馆内有很多关于日本历史文化的展览。

⑤东京塔

从上野公园出来后，在滨松町车站乘坐山手线至莺谷下车，步行 5 分钟可到东京塔，夜幕下的东京塔被灯光点缀得绚烂多彩。

DAY 4 东京 ----▸ 札幌

冬季游日本，滑雪自然是不能少的项目，上午从东京出发，下午便可到达札幌。札幌的城徽是代表雪花的六角形，冰雪自然是它的特色之一。这里拥有国际一流的札幌滑雪场，畅快地滑雪之后可以直接在滑雪场休息一夜。

①札幌

从东京的成田机场乘坐航班到达札幌的新千岁机场，然后乘坐 JR 列车或机场巴士可到札幌。

②札幌国际滑雪场

冬季可乘坐机场大巴直接到达札幌国际滑雪场。在札幌市区需在札幌站巴士中心 16 号乘降处，搭乘前往札幌国际滑雪场的班车，车程约 1 小时。

DAY 5 札幌

冰雪代表纯洁和浪漫，那么札幌可谓一座浪漫到极致的地方，除了美丽的白雪外，这里还有一座浪漫的白色恋人公园，公园内有甜蜜的“白色恋人”巧克力博物馆。北海道神宫是北海道地区最重要的神宫之一，游完公园不妨到这里走走。

①白色恋人公园

乘坐地铁东西线至宫之泽站下车，步行 7 分钟可到，白色恋人的白巧克力甜点在日本极具名气，白色恋人公园是以这种甜点为主题的观光公园。

②北海道神宫

从地铁宫之泽站乘坐东西线，在圆山公园站下车步行可到，在北海道神宫里，祭祀着四柱神明——大国魂神、大那牟遲神、少彦名神以及明治天皇。来到这里游客能亲身感受到已经成为日本民众生活的一部分神社、神宫。

DAY 6 札幌

这一天先去有着札幌心脏之称的大通公园参观北海道雪祭，然后到札幌电视台塔下各色当店林立的狸小路商店街看看有没有值得带回国的小礼品。

①大通公园

从札幌站南口向南步行约 10 分钟可到，大通公园景致优美，是北海道雪祭盛会的主要场地，每年 2 月上旬会吸引无数游人前来游玩。

②札幌电视塔

札幌电视塔位于大通公园旁，步行可到，札幌电视塔设施完备，位于塔体约 90 米高度处设有展望区，其底层设有美食街，荞面店、烤串店等传统日式餐厅一应俱全。

③狸小路商店街

从札幌电视塔向南步行约 10 分钟就能到达狸小路商店街，这里是北海道历史最悠久的商业街之一，街上有数百家店铺，经营范围囊括了服饰、药妆、美食、休闲娱乐、旅游纪念品等众多领域。

专题 日本滑雪全攻略

去日本滑雪备什么

到日本滑雪，分好几种情况，关键是要想清楚自己到日本主要做什么。有的是体验式的，旅游一周只滑雪一两天，这种建议在滑雪场租借滑雪物品，简洁方便。有的是滑雪度假式的，打算在日本旅游期间只滑雪，其他的活动安排得很少，自己有各种设备，带上自己用惯了的滑雪设备前往即可。有的是既滑雪又添置设备（日本生产的滑雪设备以安全为第一位，价格很高），前往的行李越轻越好，并且准备足够空间。本处以滑雪度假为例，介绍到日本滑雪要准备什么物品。

滑雪度假准备哪些物品	
物品清单	必带理由
干净的吸汗棉袜	一定要准备纯棉袜子，吸汗，2 双 / 天 / 人，脚出汗多的人最好能准备 3 双 / 天 / 人
高热量快补食品	巧克力、糖豆等都能快速补充能量
滑雪专用防护镜 2 个	墨镜可以保护视力，但一般用于观光。如果要畅享滑雪乐趣，一定要准备专用防护镜，即保护视力，又不易掉落，在衣兜里多备一副，防止丢失后导致雪盲
保暖内衣	要诀是不笨重，老棉袄之类的就算了，运动起来那种束缚感让人恨不得赶紧扔掉，一套自产热型的保暖内衣最合适，最好还能防水和有高透气性
滑雪防寒服、手套、滑雪靴	防寒服质地越轻柔越舒服；防寒手套不要太厚重，要确保指头可以比较灵活地运动；滑雪靴要防寒，吸汗，脚出汗时不易冰冷；头盔可到当地租借
护肤品	最好是油性比较高的保湿型护肤品，皮肤怕晒的人适当准备些防晒霜也可
购买保险	出发前最好购买境外旅游意外险

四季攻略

在滑雪场租借滑雪服 1500 ~ 3000 日元 / 天、滑雪板及滑雪鞋 2000 ~ 4000 日元 / 天。到了当地添装备，一套滑雪板要 6 万 ~ 10 万日元，回国前需要向海关处申报，并缴纳一定税费。

初学者滑雪技巧

滑雪对于初学者而言，有些困难，但如果熟练掌握滑雪技巧，就可以尽情享受滑雪乐趣。一般来说，把握好下面一些方式方法，就能够比较好地开展滑雪运动。

1. 培养对雪和滑雪板的适应能力，最好在平地练习，保持两只雪板的平行，一步一步如同步行向前走动及向侧面移动。为了找到平衡感，此时最好不用雪杖。

2. 对雪和滑雪板适应之后，可以开始在缓坡上，一步一步地侧向上坡行走。然后，两只雪板同时侧向向山下横着滑动，即横向滑行。此时，可以试试立起雪板钢边进行行制动的感觉。

3. 两雪板尖相对，板尾分开，让雪板呈 V 形，稍稍立起两只板的内钢边（即立刃），以这种姿势试着缓慢下滑，进行犁式滑行。在犁式滑行的状态下，试着加大立刃与加大双板尾的分开程度来降低滑行速度，直至停止，这种技术称为犁式制动。

4. 如果已能掌握犁式滑行及犁式制动，就可以试着学习犁式转弯。这时，将均匀分布在两只雪板上的身体重量慢慢向转弯弧线外侧移动，从而逐渐开始滑出弧线。同时外侧雪板的内刃（钢边）应实实地压在雪地表面。要想停止转弯只需将体重重新均匀分布在两只雪板上。

5. 下一步，保持两只雪板的平行，在滑行过程中，将身体的重心迅速移到山下侧的雪板，这需要山下侧的腿有很好的力量及控制能力，

看新闻掌握是否能滑雪

到了日本，能否滑雪在很大程度上取决于雪量是否够，天气条件如何。雪后头几天容易发生雪崩，连续降雪天容易出现意外，升温融雪时也不适合滑雪。如果你看到报纸或者新闻上播有“雪化粧（ゆきけしょう）”“银世界（ぎんせかい）”等，就需要过两天再去滑雪场。如果气象台给出“雪催”的字样，就是说“天阴得像要下雪一样”，要关注是否为连续下雪天（連続した雪の日），如果即将频繁下雪，建议不去滑雪场，即便一定要去，也要选择安全度高的雪道，不入密林深处。雪后要看是否突然升温，如果升温超过好几摄氏度（如 5 度を超える温暖化），就要慎重前往滑雪。

滑雪技巧全攻略

熟练掌握滑雪技巧，可让你尽情享受滑雪乐趣。一般来说，把握好下面一些注意事项，就能够比较好地开展滑雪运动。

1. 行前关注天气变化

时刻关注当地气象台播报的天气状况，看到天候の急变（天气突变）、ゲイル（大风）、午後雪（午后有雪）等字样的时候，说明天气不好，不适合滑雪，就需要调整行程。

2. 选择价格合适的滑雪场

对于需要租借滑雪设备的游客而言，这一点非常重要。一定不要贪图便宜，价格适中是比较好的选择，确保租借来的滑雪设备比较靠谱，防止低价滑雪场用超期滑雪设备滥竽充数。

3. 初进雪场详细了解状况

仔细了解雪道的高度、坡度、长度、宽度等，雪厚 30 厘米以上为安全雪场，以放眼一望看不到草叶为准，滑雪道上不要有急转弯道，坡度不要太陡。初学者最好是穿上特定的背心（提示初学），了解适合自己的雪道分布及标识。熟读滑雪场的安全管理规定。搞清哪些标识指示非滑雪道、禁区等，在衣兜里放张雪场分布图，以防迷路。密切关注索道开放时间，不要在无人看守的时候乘坐。

4. 学习自救常识和保暖方法

从滑雪场的游客中心出发前，多学习基本的保健知识、自救方法和急救常识，注意保暖，防止冻伤。

5. 做简单有效的准备活动

拉伸一下筋骨等热身活动必不可少，否则很容易抽筋。

6 防滑技巧

走在冰雪地上，一定要注意膝盖微屈，身体重心向前倾，这样不易摔倒。

7. 初次练习量力而行

初练滑雪应注意循序渐进，量力而行。严格按照教练和雪场工作人员的安排和指挥去做，没有达到一定的水准，千万别擅自到高级别滑道上去滑。高手在初级滑道练习，也需要注意他人的人身安全。

8. 与其他滑雪者保持间距

要注意与他人保持一定的间距，以免碰撞。人员较多时应调节好速度不要过快过猛。

9. 易迷路的滑雪者，找人陪同

可以请私人教练陪同，有滑雪高手或不易迷路的滑雪者一起，也比较安全。

10. 突遇无预报的变天，赶紧撤回

气候突变不要再向无人烟地方或原始森林中深入，风大雪强时，赶紧随着人流往回撤，不要硬撑着，否则雪板痕迹很快会被风刮平，易迷失方向。

滑雪基本自救常识

滑雪可能遇到的危险比较多，大致分 3 类：身体意外受伤害，迷路导致失踪，突遇雪崩被埋。无论哪种情况，你都应该掌握自救方法，不能抱有侥幸心理。在出发前，确保自己带着手机（手机号码一定是能够打通日本当地电话的）和备用电池。独自滑雪时，有条件的话，备两个对讲机和手臂运动包，给导游或者工作人员一个，自己带一个，调好频道，有问题马上对讲。

身体意外受伤害怎么处理

身体意外受伤害是最常见的一种问题，受伤的部位大多为膝关节、踝关节、上肢、跟腱和小腿。此外，眼部灼伤（没戴防护镜或者丢失了没有备用）、冻伤（长时间滑雪没有补充能量）、皮肤擦伤、缺水也是常见的问题。初学滑雪的人一定要牢记学会“摔”，感到失去平衡要摔倒时，迅速扔掉雪杖，双手环抱在胸前，以防用手下意识撑地而导致上肢骨折，同时用臀部向两侧摔倒。

身体意外受伤时自救和救助的办法

受伤类型	自救方法	救助方法
膝关节韧带损伤	膝关节剧烈疼痛，周围肿胀、皮下有瘀斑，立刻制动，原地待命和通知工作人员	用长木板、木棍或滑雪用具将伤腿固定并抬高，绝对不能再活动
踝关节损伤	感觉到明显肿胀疼痛时，原地待命和通知工作人员	用轮椅、担架或多人搀扶，第一时间送往医院，排除脱臼或骨折的情况后抓紧消肿
上肢骨折（腕关节、肩关节和手臂骨折）	用围巾、绳子将上肢挂在脖子上，固定在胸前	如果是开放型骨折（骨头刺破皮肤、断骨外露），注意保持伤口处清洁，防止细菌入侵导致化脓
冻伤	立即离开低温场地，更换打湿了的衣物鞋袜，不能搓揉冻伤部位	可用 40℃的温水（不能再高）浸泡冻伤部位，穿上厚衣服保暖，特别注意不能马上烤火
缺水	感觉到口渴时脱水已经比较严重了，可以先用干净的雪代替水喝，再等待救援	遇到脱水昏迷的伤者，首先是补水，症状不缓解，快速送往医院

怎样防止迷路

能有同伴最好找同伴一起，没有同伴想办法找私人教练或导游。还是不行就用对讲机。这些方法如果都不适合自己，那就给自己备个 GPS 定位仪，能连接手机的那种，备足备用电池。

关于雪崩

雪崩是滑雪者很可能遇到且生还率很低的意外事故。首先是避免容易出现雪崩的天气状况，以减少危险；其次是熟知在雪崩发生时，怎样自救和求助。

1. 雪崩危险期，指的是降雨、大雪、大雾、吹暖风时及其后 2 天内，以及夜间，这段时间不要在滑雪场里面滑雪。

2. 滑雪不要单独行动，确保在规定的范围内按预定的路线行动，发生雪崩的时候，滑雪场工作人员会第一时间施展救助，滑雪者只需要保护自己、等待救援。

3. 务必选购颜色鲜艳的滑雪设备，不管你性格多么清冷，滑雪一定要用红、黄、橙等亮色的滑雪设备，假如有事，空中搜救人员能第一时间看到你。避免选灰色、白色、蓝色等。

4. 雪崩一旦发生，不要往山下跑，要往山坡两边跑，或往地势高的地方跑，并且尽可能往有树和石头的地方跑。到达后，如果雪快到来，深吸一口气，屏气凝神，躲在石头窝后或者抓住树干。如果还没有跑到雪就铺天盖地地来了，仍旧是闭口屏气，努力把一只手伸出雪面（所以手套的颜色也是越鲜越好）。雪崩发生时，绝对不能大声呼喊，以保存体力和减少再次雪崩的危险。

5. 被雪冲下山坡，则想办法爬到冰雪表面，保持仰泳或狗刨式泳姿逆流而上，逃向雪流边缘，减少被雪覆盖的可能性。流雪减速时，清理眼前的呼吸通道，保持镇定，等待救援。

6. 被雪埋住，一定要使劲破雪而出，防止雪崩停止后，碎雪凝块，限制活动空间。如果发现怎么也出不去，似乎被埋上方雪很厚，就双手护头，清理呼吸道前的空间，确定自己是否倒置（可积蓄一些口水从口中流出），如果是倒置了，想办法调整方向再突破。总之不要停下来。

7. 如果没有被倒置，也出不了雪层，则用爬行的姿势在雪崩面底部活动，丢掉包裹、雪橇、手杖或者其他累赘，盖住口鼻防止冰雪入侵，在雪结块前试着到表面，不能到也要保存体力，等到救援。不能睡着，一听到有搜救的声音，就大声呼喊。

日本知名滑雪场

日本作为著名的“雪国”，有众优质好的滑雪场，价格适中，滑雪体验良好，吸引众多游客前来休闲度假。其中札幌的滑雪场是公认的最为优良的滑雪场地。

二世谷国际比罗夫滑雪场

二世谷国际比罗夫滑雪场（Niseko Mt. Resort Grand Hirafu）是二世谷地区最大的滑雪场，共有 30 多个滑雪道，可满足不同滑雪爱好者的需要。其以洁白轻柔的“粉雪”著称，深受西方滑雪爱好者推崇。雪场海拔最高1200 米，落差高度 960 米，平均积雪量 400 厘米，平均坡度 15°，最大 40°。缆车为全新的快速车，缆车旁设立有高山游客中心（Mountain Center）。

北海道蛇田郡，俱知安町字山田 204

交通方式与二世谷国际比罗夫滑雪场类似

www.grand-hirafu.jp/winter/en

缆车 5 小时券约 3900 日元，8 小时券约 4600 日元；租借普通全套用具（滑雪板、靴、滑雪服和配件）5 小时，约 6200 日元，单租普通滑雪板 5 小时，约 3600 日元

11 月下旬至次年 5 月初，其中 12 月中旬至次年 3 月下旬是旺季，登山缆车 8:30 开始运营，详细时间表以滑雪场提供为准

0136-220109

新雪谷安努普利滑雪场

新雪谷安努普利滑雪场（Niseko Annupri Kokusai Ski Area）也在二世谷，建在安努普利山上，该山是一座跨越俱知安町和新雪谷町的活火山，也是新雪谷连峰的主峰，比较容易发生雪崩，前来滑雪需要多做安全功课。在这个滑雪场滑雪的优势是，畅快滑雪后，可以在新雪谷五色温泉、新雪谷昆布温泉等温泉乡享受一番泡澡的乐趣。

北海道蛇田郡，新雪谷町新雪谷 485

从新千岁机场或札幌，搭乘北海道度假线巴士（Hokkaido Resort Liner）、中央巴士（Chuo Bus）、银色线巴士（White Liner）前往二世谷地区，巴士会在各滑雪场经停

www.annupuri.info/winter

5 小时券约 4000 日元，8 小时券约 4600 日元，租全套器具（滑雪鞋、滑雪板加撑杆）租 5 小时约 3800 日元，租滑雪裤加上衣 5 小时，约 3000 日元

通常 11 月下旬至次年 5 月上旬，9:30 ~ 16:00（夜间营业时间至 21:00），登山缆车 8:30 ~ 16:30，夜间缆车 16:30 ~ 20:30

0136-582080

札幌藻岩山滑雪场

札幌藻岩山滑雪场（Sapporomo iwayama Ski Area）的英文名很长，日文名是“札幌藻岩山スキー場”，距离札幌市中心约 20 分钟车程。藻岩山山顶距离地面约 531 米，北面和南面共有 10 条变化丰富的滑雪道依次展开。整个滑雪场禁止使用单板滑雪工具，初学滑雪的人也能够尽情地享受滑雪乐趣，非常适合家庭结伴滑雪。另外，夜晚在山顶可以俯瞰札幌夜景。不喜欢滑雪的游客，到这里可以驾驶雪地摩托，教练会带领你沿山道欣赏雪景。

北海道札幌市南区藻岩下 1991

从 JR 的札幌站乘坐出租车前来，约 2000 日元（20 分钟），乘坐巴士在真驹内站前下车

www.rinyu.co.jp/moiwa

缆车票，成年人 5 小时券约 2900 日元，7 小时券约 3400 日元

12 月 1 日至次年 3 月 31 日 9:00 ~ 21:00

011-5810914

东京　横滨　京都　名古屋　札幌

中篇

日本名城

每座城市都有属于它的季节

日本的每座城市都有属于它的季节，你可以在春季去东京的上野公园看樱花，夏季去攀登富士山，秋季到京都的清水寺赏红叶，冬季到札幌滑雪。

东京

与浪漫樱花相会

春季是东京最适合旅游的季节，这里的春天温和宜人，万物复苏，生机勃勃，风景独好，气温、湿度都非常适宜，没有夏季的暴晒和炎热，也没有冬天的寒冷和干燥。加上樱花等各种花的相继开放，更值得欣赏。

东京四季游玩景点分布示意图

春季★ 夏季★ 秋季★ 冬季★

东京景点适合游季					
景点名称	春季	夏季	秋季	冬季	景点特色
浅草寺	★	★	★	★	5月举行的三社祭是浅草区最有意义的活动
东京塔	★	★	★	★	灯光颜色随季节变化，夏季为白色，春、秋、冬季为橙色
东京都厅	★	★	★	★	展望台更适合秋季前来
歌舞伎町	★	★	★	★	东京最繁华的娱乐中心之一
富士电视台	★	★	★	★	东亚最具影响力的商业电视媒体之一
自由女神像	★	★	★	★	世界上第三座“自由女神像”，位于台场海滨公园内，周围景致很美
东京国立博物馆	★	★	★	★	四季开放，参观不受季节影响，定期更换展品
上野公园	★	★	—	—	东京最具有人气的赏樱之地，公园内的上野动物园有来自中国的大熊猫

续表

景点名称	春季	夏季	秋季	冬季	景点特色
银座	★	—	★	—	日本最繁华的街道之一
新宿区	★	—	★	—	东京最繁华的商业区之一，拥有新宿御苑、黄金街等知名景点
秋叶原	★	—	★	—	日本最著名的电器街区
台场海滨公园	★	—	★	—	公园中有一座迷你的自由女神像，是人气合景点远处就是彩虹大桥
原宿区	★	★	★	—	逛街购物首选之地，还包含明治神宫、代代木公园等
涩谷区	★	—	★	—	著名的忠犬人工铜像坐落于此地
二重桥	★	—	★	—	旧桥上再搭一座桥，故称为二重桥，是东京最佳的拍照地点之一
新宿御苑	★	—	★	—	春有樱花，秋有红叶与菊花
皇居	★	—	—	★	内宫只在 1 月 2 日和天皇诞生日开放参观
明治神宫	—	★	—	—	东京非常热门的参拜及婚礼举行地
东京迪士尼乐园	—	★	—	—	亚洲第一的乐园，目前全球最大的迪士尼乐园
东京迪士尼海洋	—	★	—	—	全球迪士尼中唯一以海洋为主题的游乐园
筑地市场	—	★	★	—	夏秋两季的海鲜种类多、选择多、个头大
表参道	—	★	—	—	高档设计时装及一线品牌服装点的聚集地
东京晴空塔	—	—	★	—	日本最高建筑物，登塔可以眺望东京全景，夜晚灯光变幻，漂亮至极
池袋	—	—	—	—	池袋作为漫画、小说、日剧的背景舞台展亮相
六本木新城	—	—	—	★	享受购物和品尝美食的乐趣，同时还能在展望台 360° 观赏东京景色

东京塔 四季皆宜

“这里的视野最好了，到处都是高楼大厦”，这是片桐哲平和上杉理子在东京塔（Tokyo Tower）约会时的一句话，将东京塔的魅力完美地展现了出来。这座铁塔位于东京都港区芝公园内，是《恋爱世纪》等经典日剧的取景地，也是眺望东京的最佳地点之一。全塔主体颜色红白相间，在不同季节的夜晚时分，塔都被加上了绚丽的光照，呈现不一样的颜色。

- 东京港区，芝公园 4-2-8
- 乘地铁都营大江户线在赤羽桥站（Akabanebashi Station）下，步行约 400 米即到
- www.tokyotower.co.jp
- 大瞭望台 900 日元；特别瞭望台 700 日元
- 9:00 ～ 23:00
- 03-34335111

东京塔周边

东京芝豆腐屋

东京芝豆腐屋（Tokyo Shiba Toufuya Ukai，東京芝とうふ屋うかい）是个花园餐厅，无论白天晚上，餐厅外的花园景致都非常迷人，有各种类型的树木、鲜花。店内的怀石料理最贵的套餐才 1 万多日元（折合人民币约 550 元）。餐厅二楼是很大的公共就餐区，周围有很多精致的榻榻米包间。正如其名，这家料理店最受人欢迎的莫过于自制豆腐，浓郁的豆香令人回味无穷。该餐厅的官方网站还提供中文服务。

- 东京港区，芝公园 4-4-13
- 从东京塔向西南方向步行约 100 米即到
- www.ukai.co.jp/shiba
- 午餐约 6000 日元 / 人，豪华餐 9000 ～ 13000 日元
- 11:00 ～ 22:00（最后点餐时间截止至 19:30）
- 03-34361028

Zabutton 旅馆 & 咖啡

Zabutton 旅馆 & 咖啡（Zabutton-hostel Coffee shop）是一家价格非常实惠的经济型旅馆，适合背包客和单身贵族。其 1 楼是咖啡屋，楼上是住宿区，有公用的厨房，提供冰箱、烤箱、多士炉（面包、吐司专用烤箱）、各种炊具及调料。并提供免费无线网络、热水浴室、贵重物品寄存箱等，住客还可以有偿使用洗衣机（约 200 日元 /4.5 千克）和烘干机（约 100 日元 /20 分钟）。需要住宿的游客可以在其官网预订。

- 东京港区，东麻布 1-29-20
- 乘地铁都营大江户线在赤羽桥站下，步行约 200 米可到
- www.zabutton.jp
- 床位约 3000 日元 / 晚，有女性专房，单间约 8000 日元 / 晚
- 咖啡屋 8:30 ~ 20:00，旅馆前台 9:00 ~ 21:00
- 03-62776499

东京都济生会中央医院

东京都济生会中央医院（Tōkyō tosaiseikai Central Hospital）在 2015 年迎来其建院 100 周年庆，是当地最受信赖的医院。出行在外，如果游客有身体不适等情况，可以考虑首选这家医院。

- 东京港区，三田 1-4-17
- 乘地铁都营大江户线在赤羽桥站下，过赤羽桥，向西步行约 50 米
- www.saichu.jp
- 8:00 ~ 11:30
- 03-34518211

皇居 春冬适宜

皇居（The Imperial Palace）也叫“江户城”，指的是日本天皇及其家属的住所，皇居绿色的瓦顶、白色的墙壁、茶褐色的铜柱，配着美丽的风景，格外引人注目。皇居周围有很多景点，包括天守台遗址、北之丸公园、二重桥等。皇居外苑的骑马武士青铜雕像和古朴庄严的城墙是游客最喜欢拍照留念的地方。在绿荫中，漫步在碎石子路上，有轻微的沙沙声、清甜的草香味相伴，心情定会很好。

- 东京千代田区，千R代田1–1
- 乘坐地铁东京日比谷线等，在JR丸之内站下车
- sankan.kunaicho.go.jp
- 免费参观
- 皇居外苑全天开放，皇居东御苑 9:00 ～ 16:45，北之丸公园部分地区开放至 19:00
- 03–32131111

皇居周边

国立剧场

国立剧场（National Theatre of Japan）建于昭和 41 年，剧场设备齐全且剧场的观众厅中设有能够收放的“花道”，使用起来有非常梦幻的效果。它是为了继承和振兴日本的民族传统戏剧艺术而建造，被分为大小 2 个，大剧场的舞台上有多个升降台，主要供歌舞伎演出使用，小剧场供演出古典木偶戏及现代剧使用。

- 东京千代田区，隼町 4–1
- 乘坐地铁半藏门线（Hanzomon Line），在半藏门站（Hanzomon Station）下车，出站向南步行约 400 米可到
- www.ntj.jac.go.jp/kokuritsu.htm
- 03–32657411

浅草寺 四季适宜

浅草寺（Senso-ji）是东京市内最古老的寺庙，是浅草地区的中心。雷门是浅草寺的标志，门内是通往寺庙广场的仲见世商店街，一字排开的诸多店铺摆满了各种日本风情的小商品，如传统的扇子、纸制的小玩意等，也有很多家小吃店，餐点非常美味。在浅草寺主广场能看到宝藏门，进去是百米多长的铺石参拜道，通向供奉观音像的本堂。本堂的西南边是五重塔，最上层藏有释迦牟尼佛的舍利子。

- 东京台东区浅草 2-3-1
- 乘坐地铁浅草线（Asakusa Line）等，在浅草寺站（Asakusa Station）下车，向北步行约 400 米可到
- www.senso-ji.jp
- 入寺免费，求签 100 日元 / 次
- 6:00 ~ 17:00，10 月至次年 3 月 6:30 ~ 17:00，仲见世商店街 9:00 ~ 19:00
- 03-38420181

浅草寺周边

浅草里士满酒店

浅草里士满酒店（Richmond Hotel Asakusa）位于浅草寺浅草公园西侧，2012 年开始营业，周围有 24 小时开放的堂・吉诃德店、24 小时营业的炸鸡店、各式居酒屋，非常适合白天参观完景点，晚上还需要充实夜生活的游客。前台工作人员，服务热情，有需要咨询出行方式的，他们定会热心指点。酒店内部陈设非常新，Wi-Fi 免费，房间显得格外干净，房价适中，入住赠送一大包洗漱用品，包括面膜。

- 东京台东区，浅草 2-7-10
- 从浅草寺西边出来，向西步行约 100 米可到
- richmondhotel.jp/asakusa
- 普通双人间约 1.1 万日元 / 晚
- 03-58060255

梅园甜品浅草店

梅园甜品浅草店（Umezono）是浅草寺周边一家老甘味店，距今有百年历史。主打美食是日式年糕，吃的时候需要搭配红豆馅，附上一碟特制腌菜，夹起年糕，

沾点腌菜，抹上红豆馅，使得年糕更富有层次感，对于甜食喜好者而言，非常对味。

- 东京台东区，浅草 1-31-12
- 从浅草寺的宝藏门出来，向南步行约 200 米
- www.asakusa-umezono.co.jp
- 大多数甜点 800 ~ 2000 日元 / 份
- 03-38417580

浅草观音温泉

浅草观音温泉（Asakusa Kannon Onsen）是于 1957 年开业的老字号店铺，建筑年代久远，上面爬满了青藤。1 楼是前台和卫生间，2 楼是按摩包房，3 楼是交谊厅、娱乐厅。浴池男女分开，泉质是天然碳酸氢钠泉，店内房顶距离地面较高，开放感十足。更衣房里，设有长椅、梳妆台、按摩机、存储柜等。还设有浴后休息室、舞台大厅等，有时候可以在这里边休息边欣赏表演。

- 东京台东区，浅草 2-7-26
- 从浅草寺西边出来即到
- www.asakusa-nakamise.jp
- 按摩包房约 6000 日元 / 人，入浴约 2000 日元 / 人
- 6:30 ~ 18:30（周四除外）
- 03-38444141

银座 春秋适宜

银座（Ginza）是东京最著名的商业区之一，以高级购物商店而闻名，与巴黎香榭丽舍大街、纽约第五大道齐名。在日本各种影视剧中，都可能看到银座。银座有 8 条大街，以 4 街的十字路口最为繁华。中央大街是最主要的街道，其次是晴海大街，索尼大厦位于晴海大街上。并木大街是许多成功人士和社会名流经常光顾的地方。格外推荐伊东屋，它经营各式文具及纪念品，款式娇俏可爱、新颖别致，非常受女性游客欢迎。

- 东京中央区，银座
- 乘坐地铁银座线（Ginza Line）在银座站（Ginza Station）下车，即在银座区域内
- 商场和店铺一般营业至 20:00，酒吧和夜总会开始营业时间是 21:00

银座周边

炼瓦亭

炼瓦亭（Renga-tei）也被译为红砖亭，是银座极为有名的西餐厅，距今有 100 多年历史，很受游客欢迎。蛋包饭是用半熟的蛋汁包裹上香软的米饭制成，香味诱人，可以搭配秘制番茄酱。猪排也超级好吃，外酥里嫩，但是不附米饭，点餐的时候如果没有主食，最好另点一份。在这里就餐能遇见很多当地的中老年人，很有气氛。建议不要尝试泡菜锅，品种少，不够实惠。

- 东京千代田区，银座 3-5-16
- 从银座地铁站向东步行约 300 米
- ginzadelunch.jp
- 炸虾约 2500 日元 / 份，沙拉、汤和主食全套约 6500 日元 / 份
- 午餐时间 11:15 ~ 15:00，晚餐时间 16:00 ~ 21:00，周日一般不营业
- 03-35613882

歌舞伎座

歌舞伎座营业时间也有 100 多年了，期间多次遭受火灾等不幸经历，数次复兴、改建。现在的建筑建成于 1951 年，建筑风格为桃山风，被列为“日本国家有形文化遗产”，建筑本身非常珍贵。此地上演的歌舞伎更保存了江户时期原汁原味的歌舞伎表演艺术。在歌舞伎座的 4 楼有可观看一幕片段的观众席，能满足行程时间紧张的游客需求。这里还配有语音解说耳机，介绍剧情发展、演员角色、伴奏、服装及舞台道具，有助于了解剧情。

- 东京千代田区，银座 4-12-15
- 从银座地铁向南步行约 300 米
- www.kabuki-za.co.jp
- 整套表演 4000 ~ 20000 日元（须预约），单一幕表演 2000 日元（可以当天直接购买），语音解说耳机 600 日元 / 个（保证金 1000 日元）
- 日场 11:00 前，夜场 16:30 后
- 03-35456800

银座大荣酒店

银座大荣酒店（Hotel Ginza Daiei）附近热闹繁华，特别适合购物和用餐，向西步行约 500 米即到筑地鱼市场（Tsukiji Foods）。酒店附近有多个公共交通站，乘车也很便捷。酒店内部设有投币式洗衣店和可免费使用的微波炉。前台提供行李寄存和干洗服务。酒店中没有餐厅。

- 东京中央区，银座 3-12-2
- 从地铁银座站向东步行约 150 米
- www.ginza-daiei.co.jp
- 03-35451111

歌舞伎町 四季皆宜

歌舞伎町（Kabukicho）白天比较冷清，到了夜晚则是另一番景象，《千与千寻》中千寻父母变身前后的场景大概也参考了这里的环境。这片区域里有数不清的餐厅、电影院、夜总会、游戏场、酒馆、旅店，是一个不眠之街，直到深夜依旧灯火通明、人来人往。动画《城市猎人》《银魂》及多部影视作品中都曾出现过歌舞伎町，可见这里充满着故事。在这里，可以找家特色的餐厅或居酒屋吃饭品酒，也可在电影院看场电影，或到夜总会消遣一番。

东京新宿区，歌舞伎町

乘坐地铁大江户线（Oedo Line）等，在东新宿站（Higashishinjuku Station）下车，向西南即到

歌舞伎町周边

机器人餐厅

机器人餐厅（Robot restaurants，ロボットレストラン）在歌舞伎町周边颇有名气，是年轻人最喜欢聚会就餐的地方。可以一边用餐一边观看机器人和热辣美女舞者（十多名）的表演，表演内容包括机器人巡游、女战骑士、女战太鼓、千本樱等，游客还可以与机器人互动合影。每天有 3 ~ 4 场演出，需预约入场。

东京新宿区，歌舞伎町 1-7-1

从新宿地铁站，向东北方向步行约 200 米

www.shinjuku-robot.com/pc

寿司约 1000 日元 / 份，看演出约 6000 日元 / 人（含食物及饮料）

18:00 ~ 23:00

03-32005500

伊势丹百货

伊势丹百货（Isetan，いせたん）是日本著名的百货公司，主打流行服装，分为本馆和绅士馆（Men's）。绅士馆的开业，成功打破了日本百货业界男性服装销售状况不佳的传统。它由株式会社三越伊势丹控股旗下的株式会社伊势丹负责营运，在日本关东、中国和东南亚等地设有多家分店。歌舞伎町的这家百货店是客流量比较大的一家。

东京新宿区，新宿 3-14-1

乘坐地铁丸之内线（Marunouchi Line），在新宿三丁目站（Shinjuku Sanchome Station）下车，向东几步就到；从机器人餐厅向东南步行约 300 米可到

isetan.mistore.jp

铁人卡拉 OK

铁人卡拉 OK（新宿歌舞伎町一番店）是当地人最喜欢的聚会场所之一，无论是举办春节宴会、年终聚会、生日聚会，还是亲朋好友简单地聚在一起拼歌，这里都是最好的选择。热闹的气氛、舒心的环境、优良的服务、完善的设施、可口的美食……不一而足。这里有很多类型的包间，不同装修风格的 2 人间、6 人间、8 人间、20 人间、30 人间等，可满足不同类型的聚会，店内全面禁烟。

东京新宿区，歌舞伎町 1-18-3

从新宿地铁站向东北步行约 400 米可到

www.karatetsu.com

高级盘（含炸土豆条、毛豆、玉米片、炸鸡、意大利香肠等）约 2500 日元 / 份，唱歌包间人均 1000 日元 / 白天，3000 日元 / 晚

24 小时营业，年终无休

03-62789530

明治神宫 夏季适宜

如果对日本历史感兴趣的话，一定要去明治神宫（Meiji Jingu）。其西北角有宝物殿，存放着明治天皇的遗物，每年在特定时间开放参观。南参道有宝物展示室，有关于日本皇室的各种展览。这里还是人们祈福最灵验的地方之一，很多人来这里祈福、举行婚礼。祈福的地方在正殿，正殿前面有洗手池，池前有各种步骤和说明。整个神宫环境优美，古木参天，林荫小路映衬着古朴建筑，让人观后内心宁静。

- 东京涉谷区，代代木神园町 1-1
- 乘坐地铁副都心线（Fukutoshin Line），在北参道站（Kitasando Station）下车，向西南步行约 600 米可到
- www.meijijingu.or.jp
- 参观神宫免费，宝物殿和宝物展示室人均 500 日元
- 夏季 5:00 ~ 18:00，冬季 6:40 ~ 16:00，12 月 31 日通宵开放，宝物殿只在特定日子开放，宝物展示室每天 9:00 ~ 16:00
- 03-33795511

明治神宫周边

多米高级酒店

明治神宫前的这家多米高级酒店（Dormy inn Premium Shibuya Jingumae）拥有优越的地理位置，酒店虽然靠近铁路，但是很安静。酒店工作人员很友好，乐于助人，房间很大，环境卫生，提供免费热毛巾和咖啡。如果疲惫可以去酒店温泉放松，有按摩服务。早餐很丰富，有日式和英式可供选择，价格也合理。21:30 之后有自选拉面。出行可以租借自行车。

- 东京涩谷区，神宫 6-24-4
- 乘坐地铁千代田线（Chiyoda Line）等，在明治神宫前站（Meijijingumae Station）下车，向西南步行约 400 米到
- www.hotespa.net/hotels/shibuya
- 普通双人间，淡季约 1.5 万日元 / 晚，旺季约 2.6 万日元 / 晚
- 03-57745489

一兰原宿拉面

一兰原宿拉面（Ichiran）在原宿区非常有名，其拉面简单却不失精致，专注做一种口味很多年，以至于现在一兰的豚骨拉面口感总比其他拉面店的优胜一筹。在日本，很少有女性独自进入拉面店，除了跟随男伴或者和家人一起就餐。而独自进入拉面店的女性，会被认为性格比较男性化，这是一种有趣的文化，游客可以体验一把。

- 东京涩谷区，神宫前 6-5-6
- 乘坐地铁千代田线（Chiyoda Line），在明治神宫前站下车，向南步行约 100 米即到
- www.ichiran.co.jp/html/kt_harajuku.html
- 一兰拉面 790 日元 / 份，加份面共 950 日元
- 11:00 ～ 23:00
- 03-34075911

代代木公园

代代木公园（Yoyogi Park）在明治神宫旁边，春天可以来赏樱花，秋天过来看枫叶，公园环境清幽，适合散步。而更多游客是冲着电视剧《东京爱情故事》的取景地前来游玩。进入公园常常可以看到许多团体在练习各式表演，比如吹橡皮手套的、跳舞的、弹琴的、敲鼓的、街头涂鸦的、滑板的等，简直是个街头艺人狂欢地，这也是代代木公园的特色。

- 东京涩谷区，代代木神园町・神南 2-1
- 乘坐地铁千代田线（Chiyoda Line），在明治神宫前站下车，向西步行约 800 米可到
- www.tokyo-park.or.jp/park/format/index039.html
- 03-34696081

江户东京博物馆 四季适宜

江户东京博物馆（Edo-Tokyo Museum）造型奇特，展品以呈现东京的历史文化为主，进入展馆就可看见一座日式木拱桥，这是东京的代表建筑物。博物馆内藏品丰富，充分展现出江户时代东京城每个时期的生活风貌，有实物复制品，也有早期的生活用品，还有手工艺品等相关收藏。展示品还包括了 18 世纪的茶房，剧院和歌舞伎院模型，反映出江户曾是世界上最繁华的城市之一。要想了解东京的历史，参观江户东京博物馆是个不错的选择。

- 东京墨田区，横网 1-4-1
- 乘坐地铁大江户线（Oedo Line）等，在两国站（Ryogoku Station）下车，向西步行约 100 米
- www.edo-tokyo-museum.or.jp
- 600 日元
- 9:30 ~ 17:30（周六开放至 19:30）
- 03-36269974

江户东京博物馆周边

相扑友惠烨餐厅

相扑友惠烨餐厅（Chanko Tomoegata）位于江户东京博物馆的西南面，是一家以火锅丸子为主打的小餐厅，名菜是烹饪料理和融合相扑的相扑锅。吃法很多，从蔬菜丸子到海鲜丸子，有各种选择。海鲜丸子火锅的热汤中油光闪闪，再放一些生鱼片进去炖煮，营养而美味。

- 东京墨田区，两国 2-17-6
- 从博物馆向西南步行约 300 米
- www.tomoegata.com
- 日式料理套餐 5000 ~ 8000 日元 / 人
- 通常 11:00 ~ 14:00，17:00 ~ 23:00
- 03-36325600

东京乐天都市锦酒店

东京乐天都市锦酒店（Lotte City HotelKinshi-cho）位置极佳，从地铁站出来就能看到，服务令人满意。房间选择很多，甚至可以选择卡通房。普通房间里面都包含了浴室、熨衣板等各种设施，还有按摩椅可供放松。早餐营养丰富，

有很多日式食物，也有煎饼。在这里还能看到日本的新地标——东京晴空塔。饭店提供餐厅和免费 Wi-Fi。

东京墨田区，锦 4-6-1

乘坐地铁半藏门线（Hanzomon Line），在锦丝町站（Kinshicho Station）下车，向东步行即到

www.lottecityhotel.jp/index.html

普通双人间约 1.4 万日元 / 晚（可给儿童加床）

03-56191066

东京晴空塔

东京晴空塔（Tokyo Sky Tree）也被译为东京天空树，是 2012 年竣工的东京新地标，高 600 多米，分别在 350 米和 450 米处设有展望台，还有多家商店、餐厅、咖啡厅等休闲设施。如果天气晴好，从这个塔上可以看见富士山。东京晴空塔目前在世界级高建筑物中名列前茅，与迪拜的哈利法塔等齐名。由于参观的人比较多，需要提前预约。

东京墨田区，押上 1-1-13

乘坐地铁浅草线（Asakusa Line）等，在押上站（Oshiage Station）下车，向西北步行约 200 米

www.tokyo-skytree.jp

350 米展望台，2060 日元，提前预约价格高，登 450 米展望台需追加 1030 日元

展望台 8:00 ~ 22:00

上野公园 春夏适宜

上野公园（Ueno Park）位于日本东京市台东区，是日本第一座公园，也是东京的名胜之一，面积非常大。园内有不忍池、竹台喷泉等自然景观，西乡隆盛的铜像是上野公园的标志。每到春季，公园内樱花盛开，都要在此举办隆重的“樱花祭”，是东京的赏樱名所。因为鲁迅先生的一句“上野的樱花也无非是这样”，使得上野成了许多中国旅行者最早记住的东京地名之一。

- 东京台东区，上野公园池之端 3
- 乘坐地铁银座线（Ginza Line），在上野站（Ueno Station）下车，向北步行即到
- www.kensetsu.metro.tokyo.jp
- 5:00 ~ 23:00
- 03-38285644

上野公园周边

东京国立博物馆

东京国立博物馆始建于 1872 年，是日本历史最为悠久的博物馆，由主馆、东洋馆、表庆馆、法隆寺宝物馆等组成。主馆里面介绍的都是日本历史文化，另外不定期会有特别展出；东洋馆主要展览的是东亚其他国家和非洲国家文物；表庆馆里国宝级的武士刀和屏风，值得好好观赏。来一趟东京国立博物馆会让你收获很多，不虚此行。

- 东京台东区，上野公园 13-9
- 从 JR 上野站公园出口、或 JR 莺谷站南出口出站后，步行 10 分钟，从东京 Metro 地铁的上野站、根津站，或京成电铁的京成上野站下车后，步行 15 分钟
- www.tnm.jp
- 600 日元
- 3 月 ~ 12 月，9:30 ~ 17:00，4 月 ~ 9 月，每周六、日、节假日延长开放至 18:00 逢特展举办期间的每周五延长开放至 20:00，闭馆前 30 分钟停止入馆
- 03-57778600（日文），03-54058686(英文)

上野精养轩

上野精养轩（Uenoseiyoken）的位置很便利，就在上野公园不忍池旁边，玩累了来这里坐着，吃点东西喝杯饮料，非常休闲。餐厅的食物以西餐为主，该店名菜为炖牛肉，肉细嫩可口，其他值得推荐的有腌制三文鱼、牛排、西班牙鲭鱼，能够满足各种餐饮需求，还有水果和咖啡佐餐。吃饱喝足后，再到不忍池转转，惬意无比。

- 东京台东区，上野公园 4-58
- 乘坐地铁千代田线（Chiyoda Line）等，在根津站（Nezu Station）下车，向东南步行约 800 米可到
- www.seiyoken.co.jp
- 午餐 1 千日元（含税），宴会 3500 日元
- 11:00 ~ 16:00
- 03-38212181

上野不忍可可大酒店

上野不忍可可大酒店（Hotel Coco Grand Ueno Shinobazu）位于不忍池南边，地理位置优越，交通非常方便。适合观景，每天早上起床就可以俯瞰上野公园，春天的时候可以去上野公园赏樱花。酒店的餐厅每天供应品种各样的餐点，有日式早餐和西式早餐，服务人员中有会讲中文的小能手。酒店楼下有公共浴室，附设温泉和按摩椅。

- 东京台东区，上野公园 2-12-14
- 乘坐地铁千代田线（Chiyoda Line），在汤岛站（Yushima Station）下车，向东北步行约 300 米可到
- www.cocogrand.co.jp/uenoshinobazu
- 普通双人间约 1.2 万日元，旺季翻倍
- 03-58121155

台场 春秋适宜

台场（Odaiba）又称御台场，位于东京湾的人造陆地上，是东京最新的娱乐场所集中地，极受年轻人的青睐。在这里，无论是赏夕阳还是看夜景，都会让你终生难忘。这里还有迷你版自由女神像，著名的彩虹大桥等。台场海滨公园的散步道是观赏东京湾夜景的绝佳场所，夜晚的彩虹大桥格外美丽。如果时间充裕，还可以乘船在海上欣赏美丽的夜景。

- 东京港区，台场 1
- 乘坐地铁大江户线（Oedo Line），在汐留站（Shiodome Station）下车，在附近找到东京临海新交通临海线（Tokyo Waterfront New Transit Waterfront Line）的汐留站，乘坐开往新桥（Shinbashi）方向的火车，在台场海滨公园站（Odaibakaihinkoen Station,）下车，向西步行可到
- www.tokyo-odaiba.net

台场周边

台场格兰太平洋酒店

台场格兰太平洋酒店（Grand Pacific Le Daiba）位于台场海滨公园旁，是住宿与观景的绝佳场所。天气好的时候，从高楼上还能看得到富士山。酒店交通便利，房间宽敞、舒适，工作人员服务热情，酒店旁边还有 24 小时营业的便利店。

从这里还有接驳车直达迪士尼乐园。住在这里，可以欣赏东京湾从早晨到夜晚的不同景色。

- 东京港区，台场 2-6-1
- 从临海线火车的汐留站，向西步行约 500 米可到
- www.grandpacific.jp
- 普通双人间在打折季约 1 万日元 / 晚，平常约 2.2 万日元
- 03-55006711

台场购物广场

台场购物广场（DiverCity Tokyo Plaza）是新建的购物中心，离台场海景区很近，其建造理念是“剧场型都市空间”，除了有各种对时装潮流敏感的品牌商店（如各种世界知名品牌、国内外的休闲品牌和充满个性、独创性品牌等）外，还有各种大规模的娱乐设施、东京名店聚集的美食广场，可以满足游客在卡拉OK、游戏机、运动馆（如保龄球、棒球、轮滑鞋）等方面的娱乐需求。在美食广场中，还有女仆咖啡厅，很有特色。

- 东京江东区，苍海 1-1-10
- 从台场格兰太平洋酒店向东步行约 200 米到
- www.divercity-tokyo.com
- 购物 10:00 ~ 21:00，美食广场 10:00 ~ 22:00，餐厅 11:00 ~ 23:00
- 03-63807800

大江户温泉物语

大江户温泉物语（Oedo Onsen Monogatari Hot Springs）是来台场游玩必到的地方，很多游客甚至宁愿在这里玩一天。虽然从外观看并不是特别显眼，但是进入正门后就会发现别有洞天。缴费后每人可以领取一个号牌挂在手腕上，消费的时候直接使用这个牌子即可，最后出来时统一结账。浴衣很有和服风范，还可以选择款式，游客可以在这里面闲逛、吃饭、玩游戏、泡汤，甚至住宿。

- 东京江东区，苍海 2-6-3
- 从台场购物广场向南步行约 600 米可到
- www.ooedoonsen.jp
- 人均 1.2 万日元，单洗澡约 3000 日元 / 次
- 03-55001126

东京迪士尼度假村 夏季适宜

曾被称为“亚洲第一游乐园”的东京迪士尼度假村（Tokyo Disney Resort），完整地仿照美国迪士尼乐园修建，内部设施齐全，充满童趣。东京迪士尼公园又分为迪士尼乐园（Tokyo Disneyland）和迪士尼海洋（Tokyo Disney Sea）2个游乐园，后者据称是全球唯一以海洋为主题的迪士尼游乐场所。这里面除了有各项娱乐设施，还有精彩纷呈的仿真人偶表演和盛装游行。

千叶县浦安市，舞滨1-1

乘坐JR火车京叶线（Keiyo Line），在舞滨站（Maihama Station）下车，向西步行约200米可到

www.tokyodisneyresort.co.jp

1日游门票6900日元，2日游门票12400日元

周一到周五9:00～22:00，周六、日8:00～22:00

03-570008632

东京迪士尼度假村周边

米奇厨师

米奇厨师（Chef Mickey，シェフ・ミッキー）是东京迪士尼乐园里的自助风味餐厅，菜品丰富，尤其是烤牛肉，味道很好，还有米奇老鼠形薄煎饼。餐厅里还有米奇、米妮、唐老鸭等迪士尼的卡通人物陪伴就餐，你可以与自己喜欢的卡通人物合影，这里非常受孩子们欢迎，性价比较高。

千叶县浦安市，舞滨2-11

从舞滨站向东南步行约200米可到

www.disneyhotels.jp/dah/restaurant/chef.html

自助早餐3400日元，自助午餐约3910日元，自助晚餐4740日元，特饮约1860日元/杯，米奇厨师不倒翁1240日元/个

早餐7:00～10:00，午餐12:00～14:30，晚餐17:00～22:00，在这些空当的时间，可以观看表演、喝饮料等

03-570064333

伊克斯皮儿莉

伊克斯皮儿莉（Ikspiari，チャイハネ イクスピアリ）成立于2000年，整座购物商城延续迪士尼欢乐的气氛，以故事性及娱乐性为主题，打造为独特的欢乐城镇。这里共有约140家的商店及餐厅，以及16间放映厅，堪称日本最大规模的多厅式影城。位于商城2楼的迪士尼商店，从米老鼠到所有迪士尼卡通的商品一应俱全，其中最受到欢迎的就是各种迪士尼卡通的手机保护壳、防尘塞、耳机等。各种服饰品牌包括国际平价服饰GAP，国际知名品牌古驰（Coach）、保罗·史密斯（Paul Smith），日系流行服饰品牌United Arrows、X-girl、可可迪迩（Coco Deal）、Lowrys Farm等。

- 千叶县浦安市，舞滨1-4
- 从舞滨站向东南步行月150米即到
- www.ikspiari.com
- Baby GAP的服装，甚至比美国本土折扣店的还便宜，约1000日元/件
- 10:00 ~ 23:00

希尔顿东京湾酒店

希尔顿东京湾酒店（Hilton Tokyo Bay Hotel）位于东京迪士尼度假村的西角，毗邻东京湾，交通便利、景色优美，是休闲度假的好地方。酒店内设施完善，房间空间很大，配备的浴室用品齐全，低楼层没有免费Wi-Fi，在高层可以远观富士山的美景。酒店有免费的巴士到火车站。整个酒店的性价比非常高。

- 千叶县浦安市，舞滨11-8
- 乘坐单轨电车舞滨迪士尼旅游专线（Maihama Disney Resort Line），在港湾站（Bayside Station）下车，向西南步行几步可到
- www3.hilton.com/en/hotels/japan/hilton-tokyo-bay-TYOTBTW/index.html
- 普通双人间约2万日元/晚
- 047-3555000

交通

进入东京

飞机

东京有羽田机场和成田机场两个机场，其均有国内和国际航班。成田机场位于千叶县，每天航班往来频繁，中国的北京、上海、成都、广州等城市均有直达成田机场的航班。成田机场设有两个终点，每个终点都有地铁站连接 JR 线和京成线，从机场到东京市区需要 1 个小时左右。

东京主要机场信息		
信息	成田机场	羽田机场
地址	千叶县成田市古込 1-1	东京都大田区羽田机 3-3-2
交通	可乘坐成田 SKY ACCESS 线、京成本线、JR 线往来东京市区与机场	在市内京急蒲田车站乘坐京滨急行机场线电车，到羽田机场国内线候机楼站下车
	到达公交车是在第 1 候机楼 4 楼停靠、第 2 候机楼 3 楼停靠；出发公交车各候机楼均在 1 楼出发	在各候机楼 1 楼有公交车站，前往东京都及周边县
	现已开通东京—成田直升机客运服务，从六本木地区的 Ark Hills 直升机停机坪到成田机场约 20 分钟	在市内滨松町车站乘坐单轨电车，到羽田机场第 1、2 候机楼下车
	第 1、2 候机楼间有接驳公交车，6:30 ~ 22:30，约 10 分钟一班	两个候机楼间有免费公交车来往，5:00 ~ 24:00 约 5 分钟一班
	出租车有一般出租车和定额出租车，价格很贵，约 30000 日元	乘出租车到东京市区约 6000 日元
网址	www.narita-airport.jp	www.tokyo-airport-bldg.co.jp

火车

东京铁路四通八达，有20多条铁路呈放射状通往全国各地，与本州岛、九州岛等地也有联通线路。东京站是日本陆上交通的总枢纽，同时也是新干线和地铁的枢纽车站，所有主要的JR线都从这里出发，每天到达和出发的列车数量有几千列，交通线路十分繁忙。

东京火车站

东京火车站是东海旅客铁道（JR东海）、东日本旅客铁道（JR东日本）、东京地铁的铁路车站，也是东京主要的转运车站之一。该站目前拥有丸之内、八重洲、日本桥3处出入口，主要停靠东海道本线、中央本线、东北本线、丸之内线等。

东京千代田区，丸之内1

www.tokyometro.jp

长途汽车

日本的长途汽车多是夕发朝至，价格并不比火车便宜，但是一些走高速路的长途汽车速度还是很快的。从东京乘坐长途汽车可以到达长野、仙台、奈良、神户等多个城市和地区，从东京八重洲每天都有多趟长途汽车开往大阪、京都，一般在前一日出发，次日6:00～7:00到达，节省了白天参观时间和住宿的费用。在新宿车站还有多趟长途汽车开往富士山和箱根地区。

市内交通

东京市内公共交通非常方便，尤其是庞大的轨道交通网络几乎覆盖了整个城市。公共交通中最为便利的就是地铁和JR电车，地铁的票价比JR贵，JR不仅服务于东京市区，也覆盖了整个日本。而在一些JR和地铁无法到达的地区，可以乘公交车前往。一般而言，公交车站与站之间的距离较短，有时可在靠近目的地处下车，也可以欣赏街道风景，但因路上经常堵车，所以无法控制时间。

东京市内交通工具信息			
交通工具	票价		备注
地铁	有普通车票、回数券、月票、PASMO（IC卡）、换乘车票之分，其中普通车票的面值有160日元、190日元、230日元、270日元和300日元，需按乘车距离购票		东京地铁共有13条线路，包括银座线、丸之内线、日比谷线、千代田线、有乐町线、浅草线及新宿线等
JR（电车）	特急票、头等票（绿色）、回数券（多次乘车票）		东京主要的JR线路有山手线、京滨东北线、中央线、京叶线等
公交车	按区间计票，市营公交车23个区内为均一车费200日元		公交车有从前门上车和从后门上车2种。路线很复杂，乘车前需自己查好到达目的地的路线
大巴	东京敞篷大巴（Sky Bus）	1500日元	大约每隔15分钟就有一辆大巴在主要地区之间巡回周游，便于人们观光、购物
	文京区内巡游大巴	单程票价100日元，1天乘车票300日元	
	台东区内巡游大巴	单程票价100日元，1天乘车票300日元	
出租车	710日元/2千米，超过后90日元/288米		服务比较周到，但是搭乘出租车价格很高

四季攻略

在东京旅游，不妨在东京成田机场候机楼中的旅游信息中心（Tokyo Tourist Information Center）领取一份免费的《东京旅游地图》。这里面收录了东京主要街区信息，还附有地铁线路和铁路线路图。

横滨

四季活动乐不停

横滨春天温和宜人，樱花盛开，百花竞相开放，雨水不多，适合游玩。3月底的横滨，三溪园、关内港口地区都会有樱花节，紧接着的4月中旬，会举办盛大的大道艺，那是离观众只有咫尺的表演，在未来港、伊势佐木町等地可看到。秋天的横滨，枫叶美景最宜人，也是非常舒适的旅游时节。

横滨四季游玩景点分布示意图

春季★　夏季★　秋季★　冬季★

横滨景点适合游季					
景点名称	春季	夏季	秋季	冬季	景点特色
港未来 21 区	★	★	★	★	天气好的时候站在海边可以看见富士山
大栈桥	★	★	★	★	夏天绿草如茵，秋季金黄满地，站在桥上看风景，四季各不同
神奈川县立历史博物馆	★	★	★	★	了解神奈川的历史和文化，这里最合适
横滨美术馆	★	★	★	★	无论何时来，都会被各种艺术作品感动
SOGO	★	★	★	★	日本最大的百货之一，各楼层都有特色
海洋塔	★	★	★	★	塔高 106 米，是世界上最高陆上灯塔
元町	★	★	★	★	横滨繁华的商店街
日本报业博物馆	★	★	★	★	可随时参观，了解日本报业发展的过程
邮船冰川丸	★	★	★	★	钓鱼、品美食，在船上看别样的风景
地标大厦	★	★	★	★	在塔上 360° 观景，四季皆有不同的风貌

续表

景点名称	春季	夏季	秋季	冬季	景点特色
太空世界	★	★	★	—	春夏秋这3个季节来玩，可以急流泛舟、乘潜水云霄飞车，非常有趣，冬季景观一般
日本丸纪念公园	★	—	★	—	公园是免费的，但登船需要买门票
山下公园	★	—	★	—	公园有大量银杏树，春天和秋天天气比较好，雨少，景观好
日本大通	—	★	★	—	日本第一条西洋式道路
八景岛海岛乐园	—	★	★	—	进海岛乐园是不需要门票的，只有3个海洋馆和游乐设施是需要单买票的
红砖仓库	—	★	★	—	春冬季节海风较大，需要多穿御寒的外衣
横滨中华街	★	★	★	★	一月一日庆祝春节，夏天有纪念三国志的英雄关羽诞辰的“关帝诞”，秋天有庆祝建国的国庆节等节日，很热闹
山手西洋馆	—	★	—	★	初夏看风景，冬季在雪后西方建筑中邂逅浪漫
马车道	—	—	★	—	一条充满历史文化风情的商店节街，和中国的上海南京路步行街类似，还有几座博物馆等可供参观
横滨皇后广场	—	★	—	★	横滨有名的购物区

红砖仓库 夏秋适宜

红砖仓库（Yokohama Red Brick Warehouse）是面向横滨港而立的 2 栋旧仓库，聚集了餐馆、商店等。它始建于 1911 年，2002 年作为商业设施重新开业，是横滨很有名的景点。这里会不定时地举办展览，同时，周围一带建为红砖公园。游客可以在港口海风的吹拂下，一边感受横滨古雅时代的面貌，一边悠闲地散步。3 月底至 4 月初有花展，仓库里有很多特色小店，值得一逛。仓库外面一边可见港未来 21 区，一边可见大栈桥横滨港。

横滨市中区，新港 1-1

乘坐火车未来港线，在马车道站或大通站下车，步行可到

www.yokohama-akarenga.jp

1 号馆 /2 号馆 11:00 ~ 20:00

045-21115558:00 ~ 22:00

03-570008632

红砖仓库周边

Bills Yokohama

Bills Yokohama 位于红砖仓库景区内，地理位置很优越，逛完仓库来这里喝一杯、吃点美食，休闲感十足。主打美食为热松饼，早餐都很美味，价格比较昂贵。工作人员很热情，如果不早来的话要排队很久。

横滨市中区，新光 1-1-2

bills-jp.net

2000 ~ 4000 日元 / 套餐

9:00 ~ 23:00

045-6501266

横滨船舶酒店

横滨船舶酒店（Navios Yokohama）价格合理，位置极佳。从这里前往红砖仓库、车站、购物地等都很方便，该酒店简洁的装饰充满了日式传统生活的味道，房间宽敞且打扫得很干净，日用品齐全且很耐用。酒店内还提供茶水，工作人员热心，服务周到，从酒店向窗外看夜景也很不错。浴室提供吹风机和拖鞋，如有需要，还可提供熨斗、熨板和婴儿床。

- 横滨市中区，新光 1-1-2
- www.navios-yokohama.com
- 普通双人间约 8000 日元 / 晚
- 045-6336000

港未来 21 区 四季适宜

港未来 21 区（Minato Mirai 21）位于横滨港西区，是横滨市新开发的娱乐功能区，周围有很多著名的景点，如横滨地标大厦、摩天轮、红砖仓库等。港未来 21 区的夜景也是非常美丽的，旁边还停靠一所复古的日本丸号帆船。另外，周边有很多的购物中心和时尚个性餐厅，是情侣约会的好去处，圣诞节、情人节的时候，餐厅与咖啡店里很难预订到座位。

- 横滨市西区，未来港
- 乘坐火车未来港线（Minatomirai Line），在马车道站（Bashamichi Station）下车，向东北步行约 300 米到
- www.minatomirai21.com/kan
- 主街区免费，博物馆、展览馆、美术馆另外收取费用
- 045-6833004

港未来 21 区周边

横滨皇家花园酒店

横滨皇家花园酒店（Yokohama Royal Park Hotel）的视野很宽阔，从这里的高楼层能看到整个横滨的景色，如果你想全方位地看美景，还可以去观景台。酒店周围的交通方便，生活设施齐全，客房空间很大，住着舒服，各种日用品也配备得很齐全而且 Wi-Fi 免费。另外，工作人员的服务也很尽心。

横滨西区，未来港 2-2-1-3

www.yrph.com/en

普通双人间约 3.9 万 / 晚

045-2211111

一风堂

一风堂（Ippudo）是一家日本传统的快餐拉面店，面条的口感很好，汤的味道也很鲜美，有调味品放在桌子上，可以根据自身的口味来调整，店里的饺子也很不错。如果没有吃饱，还有汤的话，可以加面，但需支付一点费用。不过，整体还是很舒心的。

横滨西区，未来港 2-3-2

www.ippudo.com/index.html

招牌鲜海带荞麦汤面 880 日元 / 份（200 克），980 日元 / 份（400 克）

045-2276305

山下公园 春秋适宜

山下公园（Yamashita Park）是横滨港最著名的一处海景公园，它是由当地政府填海造陆而形成的，公园旁边还停放着一艘退役的客轮“冰川丸号”，是横滨市民散步最爱的地方，天气好的时候来这里是绝对的享受。面朝着大海，碧海与蓝天相衬，公园的景色融入了日本特有的干净与素雅，体会横滨的海风，欣赏海滨风景，所以说，这里是绝对不能错过的地方。

横滨中区，山下町 279

从元町港未来线地铁中华街站步行 3 分钟

www.city.yokohama.lg.jp/kankyo/park/yokohama/kouen008.html

山下公园周边

新格兰酒店

新格兰酒店（New Grand Hotel）位于山下公园旁边，是一家西式风格的酒店，交通便利，距离横滨中华街也很近。内部的房间很好，提供电源适配器，从窗户可以看到港口，风景不错。酒店的员工也非常热心，前台还提供观光与往返机场的服务。

- 横滨中区，山下町 279
- 从山下公园向南步行约 100 米即到
- www.hotel-newgrand.co.jp
- 普通双人间约 1.4 万日元 / 晚
- 045-6811841

鸡蛋那些事

鸡蛋那些事（Eggs N Things Yokohama Yamashita Park）是山下公园周边比较知名的一家餐厅，主打日式和美式美食，餐厅的人气很旺，需要排队才能进入。店内金枪鱼肉的味道很棒，许多食客还喜欢点奶油煎饼配水果，十足的奶味加上水果的鲜香，给人别致的就餐体验。

- 横滨中区，山下町山下公园
- www.wdi.co.jp/ja/re-eggsn.html
- 1000 ~ 2000 日元
- 045-2228481

横滨中华街 四季适宜

横滨中华街（Yokohama Chinatown）是日本最大的唐人街，也是亚洲唐人街中最受欢迎的街区之一。这里到处都能看到中国特有的建筑和民间小吃，让中国游客有身在国内的感觉。街内各色的牌楼和有中文标语的店铺里摆放着琳琅满目中式美食，及大量手工艺品。在节假庆典的时候，街道上还会有舞狮表演。在店铺里你还能找到用以供奉的关帝庙和妈祖庙，甚至连北京的全聚德烤鸭也能吃得到。

- 横滨中区，山下町 118-2
- 乘火车未来港线，在元町中华街站（Motomachi Chukagai Station）下车，向西步行约 200 米即到
- www.chinatown.or.jp
- 045-6621252

横滨中华街周边

大和鲁内酒店

大和鲁内酒店（Daiwa Roynet Hotel Yokohama Koen）离横滨公园极近，距离横滨中华街也只有 200 米的路程，地理位置优越，周围公共交通便利，有很多 24 小时便利店和餐厅、美食店。酒店设计成欧美风格，房间干净，光线充足，浴室较小。客房提供茶水和咖啡，还提供免费的 Wi-Fi。

- 横滨中区，横滨公园 204-1
- 从中华街向西步行 200 可到，也可乘坐地铁蓝线（Blue Line），在关内站（Kannai Station）下车，向东穿过横滨公园可到
- www.daiwaroynet.jp/yokohama-koen
- 普通双人间 9000 ~ 14000 日元 / 晚
- 045-6643745

横滨大饭店

横滨大饭店（Yokohama Daihanten）位于横滨中华街入口处，是一家典型的中餐厅，人很多，所以要提前预订好位置。店内的装修雕廊画柱，很有传统中式建筑的味道。在这里能吃到地道的山东料理、宫廷料理、四川菜肴、上海菜肴和广州美食等，工作人员的服务很热情，菜肴的价格适中，但上菜时间相对较长。

横滨中区，山下町 154

从中华街的中心位置向西北步行约 100 米即到

www.yokohamadaihanten.com

套餐约 3900 日元

045-6410001

地标大厦

地标大厦（Yokohama Landmark Tower）是日本最高的大厦之一，汇集了横滨市很多的老字号商铺与购物中心。日本第一高的展望台空中花园位于大厦的第 69 层，可以从大厅乘坐据说是“世界最快”的电梯到达。全景的玻璃幕墙，可以将港未来 21 区的风光一览无余，在天气好的时候，也可以把东京、伊豆半岛和富士山的美景尽收眼底。

横滨市西区，未来港 2-2-1

乘坐火车未来港线，在未来港站下车，向南步行约 200 米可到

www.yokohama-landmark.jp/page

1000 日元 / 次

045-2225015

镰仓

镰仓（Kamakura）这座三面环山、面朝大海的历史名城，曾是日本的政治中心。镰仓面积虽不大，却散布有大量古老的寺院，如圆觉寺、东庆寺、长谷寺、建长寺等。除寺院外，镰仓著名的镰仓大佛、浪漫的江之岛、拥有百年历史的江之电（灌篮高手里的老式电车）、全日本最美高中镰仓高校（灌篮高手中陵南高校的原型）以及极具风情的小町通购物街，都非常值得你花时间来此游玩。

镰仓大佛

镰仓大佛（Kotoku-in）位于高德院中，是高德院的主佛，也是日本三大佛像之一。大佛高 11.5 米，由青铜铸造，内部为空心构造，可以从佛像背后底部进入参观。大佛门票 200 日元，乘江之电到长谷站口出，步行 10 分钟即到。

镰仓市长谷 4-2-28 仓（镰大佛）

从东京（东京站）或者横滨乘坐JR 横须贺线（1 小时和半小时）即可到达镰仓

江之电

江之电是一条行驶于江之岛与镰仓之间的路面有轨电车，已有一百余年的历史。该车有不同颜色，特色不一，时而经过海边，时而行驶于民居间，犹如穿梭在时间的隧道中。江之电全程大约 34 分，最贵单程 290 日元，一日券 580 日元。

富士箱根伊豆国立公园

富士箱根伊豆国立公园（Fuji–Hakone–Izu National Park）横跨日本山梨县（Yamanashi）、静冈县（Shizuoka）、神奈川县（Kanagawa）和东京都（Tokyo Metropolis）境内，是日本最大、最美丽、最受欢迎的国家公园之一。公园主要由富士山（Mount Fuji）、箱根（Hakone）、伊豆半岛（Izu Peninsula）和伊豆诸岛（Izu Islands）四部分组成，涵盖了众多特色鲜明、风景优美、娱乐性十足的景点。其中，箱根是游玩公园的集散地。

富士山

富士山（Mount Fuji）是日本第一高峰，也是世界上最大的休眠火山之一，2013 年入选《世界文化遗产名录》，其靓丽的身影才被世人所熟知。富士山优雅、平缓的山貌使其成为一座大众容易攀登的山峰，在富士山周围还有火山喷发形成的富士五湖、青木原树海、溶洞等，不可错过。富士五湖即河口湖、山中湖、西湖、本栖湖、精进湖，其中河口湖是攀登富士山的出发点，山中湖是室外体育活动的中心，青木原树海在西湖周围，本栖湖以水质而著名，精进湖以湖面倒映的“倒富士”著称。另外，在富士山麓还有个著名的富士急游乐园（Fuji–Q Highland），你可以一边游玩一边观赏近在咫尺的雄伟富士山。

箱根

箱根（Hakone）是日本的温泉之乡，以天然的湖泊、温泉和地热资源著称，拥有眺望富士山的绝佳角度，旅游配套设施十分完善。大涌谷是箱根最著名的旅游景点，岩缝间喷出的地热蒸气将泉水烧得滚烫，十分壮观，大涌谷煮出来的温泉蛋记得品尝一下。芦之湖是箱根著名的观光地，它是箱根山的火山湖，白雪皑皑的富士山倒映在湖面上很有诗意，湖上的海盗船更值得一乘。除此之外，不要错过箱根缆车，30 分钟的缆车行程可以观赏湛蓝的芦之湖和大涌谷喷出的袅袅火山烟，更能饱览壮观的富士山美景。

伊豆半岛

伊豆半岛（Izu Peninsula）位于箱根以南，以自然原貌和纯朴本色著称，岛上绿树葱葱，海岸线曲折，温泉更是星罗布棋，是极其浪漫的温柔乡之地。《伊豆的舞女》便是以此岛为背景拍摄的，半岛最南端的石廊崎有高达百米的海蚀崖，有眺望台可供观景。

富士箱根伊豆国立公园交通方式

1. 从东京新宿站搭乘小田急特快 85 分钟直达箱根汤本站，或乘小田急箱根高速巴士约 2 小时到箱根桃源台站。

2. 从东京乘坐 JR 东海道新干线约 40 分钟到小田原（传统古镇，有著名的天守阁），从小田原乘箱根登山火车约 15 分钟到箱根汤元车站。

3. 从镰仓乘坐 JR 也到小田原，然后再转车到箱根汤元车站。

箱根交通及票价			
景点名	票价	交通	网址
大涌谷	温泉蛋 500 日元 4 枚	箱根汤本站乘登山铁路电车到强罗站，换乘箱根登山缆车到早云山站，再乘缆车到大涌谷站即可	www.owakudani.com
芦之湖	游船约 970 日元（30 分钟）	乘箱根登山缆车到早云山站，再换乘缆车到桃源台站下即是游船码头	—
缆车	早云山—大涌谷 820 日元；早云山—桃源台 1330 日元；大涌谷－桃源台 1020 日元	可在早云山或大涌谷乘坐	—

富士山登山信息	
登山最佳季节	7月1日至8月底。9月份山上的许多小屋就关闭了，10月就进入冬山季节了
登山线路	吉田路线：位于山的最北边，以富士山斯巴鲁线五合目为起点，是最受欢迎的路线，适合无登山经验人士和初次挑战富士山的人士。上山行程约 7.5 千米（约 6 小时），下山行程约 7.6 千米（约 3 小时）
	富士宫路线：位于富士山南侧，是所有线路中最容易的线路，上山下山是同一条道，受欢迎程度仅次于吉田路线。行程约 5 千米（上山约 5 小时，下山约 3.3 小时）
	须走路线：位于富士山正东方，起点海拔比吉田路线低，适合有经验的登山客。上山行程约 7.8 千米（约 6.5 小时），下山行程约 6.2 千米（约 3 小时）
	御殿场路线 以御殿场为起点，海拔落差更大，适合有富士山登山经验人士。上山行程约 11 千米（约 7.5 小时），下山行程约 8.5 千米（约 3.5 小时）
交通	在河口湖站、富士山站、御殿场站、三岛站、新富士站等都可以换乘登山巴士前往各登山口
登山准备	登山鞋、25~30 升的大背包、防寒用品、雨衣、帽子、手套、头灯、登山杖、太阳镜、湿纸巾，其他如氧气瓶、绷带等视个人情况携带

交通

进入横滨

飞机

横滨距离东京很近，虽然横滨没有自己的机场，但是从东京的成田机场或羽田机场到横滨的交通都非常便利。从成田机场可以乘坐京滨急行公交车，全程约 90 分钟，票价 3500 日元；乘坐 JR 成田特快到横滨站下车，全程约 90 分钟，票价 4180 日元；从羽田机场到横滨可以乘坐京滨急行公交车，全程约 30 分钟，票价 560 日元；乘京滨急行电车，全程 25 分钟，票价 470 日元。

火车

横滨主要的火车站为横滨站和新横滨站。新横滨站是新干线的始发站和到达站，横滨站是一个大型的终端车站之一，有新干线和地铁通过。横滨市内有多条铁路干线穿过，包括东海道本线、京滨东北线、东急本线等。从东京乘新干线往来横滨非常方便，在东京的新宿、涩谷、银座等热门地区都有非常便利的电铁连接，其中从东京站乘 JR 东海道本线，往热海方向全程仅需 26 分钟，票价约为 450 日元。

长途汽车

横滨市的长途汽车主要为夜行高速公交车，并且多为前往关西地区的公交车。从横滨到京都票价 3700 日元起，一般 6:30 左右到达，从横滨到大阪票价 3500 日元起，7:30 左右到达。此外，乘长途汽车从横滨到附近的富士山、箱根等地也很方便，从横滨到富士山需 3.5 小时，从横滨到箱根有直达长途汽车，全程 2 个多小时。

市内交通

横滨市的市内交通设计非常人性化，交通工具也很多，有公交车、地铁、水上公交车、电车等。在横滨出行如果能将地图和公交车两项合理搭配，非常节省时间。水上公交车则可以换一种角度观赏横滨港湾的美丽景象。

横滨主要交通工具信息

名称	票价	详情
地铁	按区间计票，票价 200 日元至 500 日元不等	地铁路线分为“蓝线”和“绿线”，“蓝线”从湘南台到あざみ野（Azamino），沿途经过横滨站；“绿线”从中山站到日吉站
JR	按距离计票	JR 根岸线是观光的最佳电铁线路，车站距离景点很近，包括横滨站、樱木站、石川町等，并与横滨线和京滨东北线相连接
公交车	均一区间的票价为 210 日元	主要始发站点和终点站为横滨站的东口和樱木町站，行车路线几乎包括了横滨市内所有景点
观光公交车	100 日元	“港未来线”红色车身的观光公交车从樱木町站始发，巡游港湾码头区至港见丘公园，每天运行，运行时间为 10:00 ~ 18:00。“元町、华人街线”平日 10:00 ~ 19:00，周末及节假日运行到 20:00
水上公交车	各路线票价不同	水上公交车连接横滨站东口、港未来 21 区、山下公园等地，一次 40 ~ 120 分钟，还提供餐饮

京都

看最美『枫』景

京都一年四季都有值得观赏的景观：春有樱花，秋有红叶，夏能避暑，冬能赏雪。当然，最美的时候在10月下旬，此时京都的树叶逐渐转红，气温也是刚刚好，走在京都的各大景点，都能看到无比唯美的枫景。

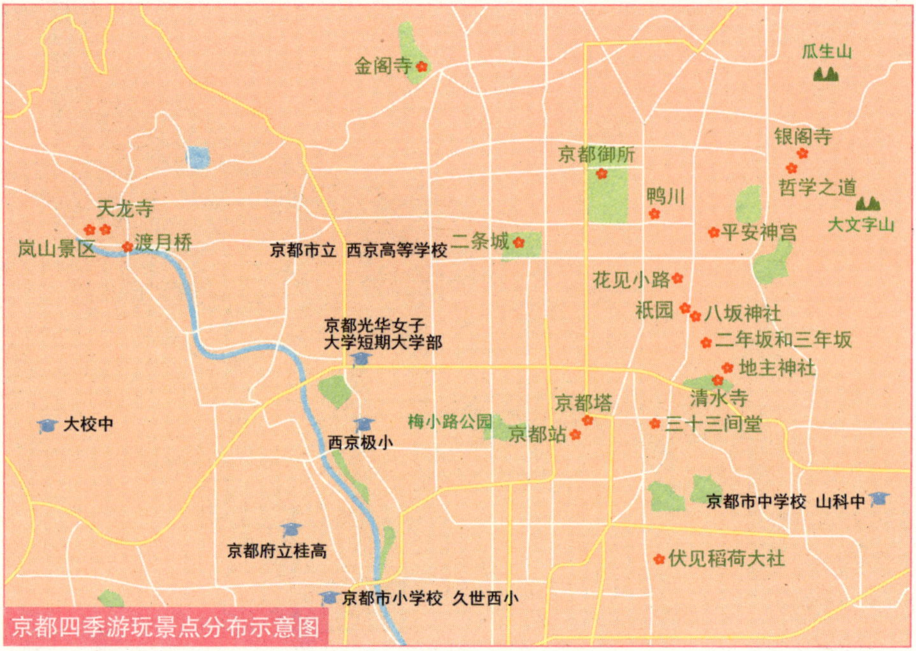

京都四季游玩景点分布示意图

春季★　夏季★　秋季★　冬季★

京都景点适合游季					
景点名称	春季	夏季	秋季	冬季	景点特色
三十三间堂	★	★	★	★	在每年离 1 月 15 日最近的周日举办“远射节”
京都站	★	★	★	★	从展望台可以欣赏四季不同的风景
京都塔	★	★	★	★	四季景观皆有不同
花见小路	★	★	★	★	这里的春季是赏樱最好的地点之一，其他时节的风景亦各有千秋
天龙寺	★	★	★	★	进入寺庙参观一定要遵守神宫内的规章制度，不可冒犯神像
京都御所	—	—	★	—	春秋两季在限定期间，对游客各开放 5 天，平日参观则需事先向日本宫内申请
鸭川	★	★	—	—	春季看樱花，夏季可纳凉
八坂神社	★	★	—	—	7 月 1 日至 29 日举办著名的“祇园祭”
清水寺	★	★	★	—	清水寺为赏樱花和枫叶而著名景点，春天樱花盛开，秋天红叶似火
金阁寺	★	★	★	—	建议选择在早上刚开园的时候去，可以避开人满为患的情况

续表

景点名称	春季	夏季	秋季	冬季	景点特色
伏见稻荷大社	★	★	★	—	神社后山上千座朱红色鸟居组成的通道沿山而立，不要错过
二条城	★	★	★	★	二条城内拥有著名的“鹂鸣地板”走廊，行走时便会发出黄莺鸣叫般的响声
二年坂和三年坂	★	★	★	—	具有京都独特风情的坡道，热闹非凡
平安神宫	★	★	★	—	进入神宫后一定要遵守神宫内的规章制度，不可冒犯神像等
银阁寺	★	★	★	—	银沙滩观月台的山水景观是银阁寺的一大特色
哲学之道	★	—	★	—	春季赏樱名所，秋季还可看各种落叶
地主神社	★	—	★	—	日本唯一的结缘，祈求恋爱运的神社
岚山景区	★	—	★	—	岚山风景区内的小火车会因季节月份关系而停开，具体以景区公布为准
渡月桥	★	—	★	★	春秋两季是这里的旅游旺季，冬季这里的雪景非常唯美
祇园	—	★	★	—	京都市 7 月 16 至 29 日在祇园举办祇园祭

清水寺 春夏秋适宜

清水寺（Kiyomizu-dera）是日本京都的一个很有名气的景点，属于世界文化遗产。清水寺位于青羽山上，主要供奉千手观音，是江户时代的建筑。其中悬空的清水舞台是清水寺最大的看点，全部都是由木质建成。寺内还有音羽瀑布，泉水一分为三，分别代表长寿、智慧和健康，据说可以预防疾病及灾厄，3 股泉水你只能喝 2 种，3 股全喝是代表贪婪的意思。其次清水寺也是著名的赏樱地点。

- 京都市东山区，清水 1-294
- 乘坐市巴士 206 路或 207 路在清水道站或者东山五条坂站下车，步行 10 分钟
- www.kiyomizudera.or.jp
- 300 日元
- 075-5511234

清水寺周边

京都圣地亚哥宾馆

京都圣地亚哥宾馆（Santiago Guesthouse Kyoto）离寺庙和公交车站、火车站都不远，酒店房间干净，床很舒服，每张床铺都有阅读灯和充电设备。浴室很大，工作人员热情，楼下有咖啡馆，游客入住可以享受优惠，附近的便利店也很方便，没有自备洗漱用品的话也可以在附近便利店购买，贵重物品需放进自己的储存箱内。但由于宾馆濒临大街，会有些吵闹。

- 京都市东山区，五条桥东
- 从清水寺向西步行约 500 米可到
- sansansantiago.com
- 普通双人间约 4000 日元 / 晚
- 075-7416391

冈本织物店和服体验

冈本织物店和服体验（Kyoto Rental Kimono Okamoto）是一家经营和服及相关配饰的百年老店，店内有上千件各式各样的和服提供出租服务，很多人到京都的第一件事就是早早来这里租一套和服，然后穿着和服在京都逛上一天，体验那份特有的情趣。租赁和服一定要提前预订，并且一早就要前往店内挑选其他配饰，和服最晚可以到 18:30 归还。

- 京都市东山区清水 1
- 乘坐 206 路或 207 路巴在清水道站下即可
- www.okamotoorimono.or.tv
- 租一套和服约 5000 日元
- 075-5614436

金阁寺 春夏秋适宜

金阁寺（Kinkaku-ji）本是日本足利义满将军的私人山庄，后来又改为禅寺。又名叫鹿苑寺，因为建筑外包有金箔所以又叫金阁寺，是日本的国宝级建筑，为世界文化遗产，与富士山并列为“日本名景”。《聪明的一休》动画中取景的地方就是这里，一旁的镜湖池水清澈，华丽的金阁倒映在池中，影子与金阁相映成趣，是京都比较有代表性的景观。金阁寺的门票不是参观券而是写有祝福话的纸符，很有特点。

- 京都市北区，金阁寺町 1
- 坐公交车 12、特 59 路等，在金阁寺站下
- www.shokoku-ji.jp
- 400 日元
- 075-4610013

金阁寺周边

幸村府

金阁寺附近的幸村府（Omurahouse）主营用各种鸡蛋搭配不同的食材制成的美食，巨大的煎蛋饼下面是一大团香糯的米饭，搭配上各种口味的菜和一大片酱汁，使得餐盘上内容丰富，色泽诱人，香味扑鼻。游客可以选择喜欢的椅子就座，还可以在不同的季节前来品味用时令菜肴制作的美食，据说他们的食材都来自于自营菜地。

京都市北区衣笠总门町 10-9

从金阁寺出来，向南步行约 200 米可到

www.omurahouse.com

鸡肉蛋卷 730 日元 / 份，海鲜煎蛋 890 日元 / 份，虾蛋卷 1050 日元 / 份，蘑菇煎蛋 1200 日元 / 份，儿童煎蛋 680 日元 / 份

11:00 ~ 15:30（周一休息）

075-4629786

京都菊花酒店

京都菊花酒店（Hotel Chrysantheme Kyoto）离金阁寺景区不是太远，房间虽然小，但冰箱、浴室等一切必备品都是比较齐全的，服务员态度热情有礼。酒店旁边就是平野神社，北野天满宫。春天时，游客透过窗户可以看到樱花盛开。周边有便利店，购物方便。这家酒店还提供自行车出租服务。

京都市北区，平野上八丁柳町 51

乘坐地铁东西线（Tozai Line），到太秦天神川站（Uzumasa Tenjingawa Station）下车

www.chrysantheme.co.jp

普通双人间约需 1 万日元 / 晚

075-4621540

伏见稻荷大社 春夏秋适宜

伏见稻荷大社（Fushimi-Inari）位于京都南部的稻荷山上，因这里供奉着保佑商业和农业的稻荷神，所以信众很多，香火旺盛。在日本，稻荷神就是“狐狸”，所以在这里能看到各种形态的狐狸石像，甚至有带毛发的高仿真像。伏见稻荷大社除了有祭祀用的建筑物之外，还有著名的“千本鸟居”，数百座红色的鸟居组成了通往山顶的通道，全程大约 4 千米，是伏见稻荷大社最热门的风景。

京都市伏见区，深草薮之内町 68

乘坐 JR 奈良线到稻荷站下车，或乘京都本线在伏见稻荷站下车，步行 5 分钟

inari.jp

075-6417331

伏见稻荷大社周边

枳壳旅馆

枳壳旅馆（Kikokuso）是一家传统的日本家庭式旅店，距离车站非常近，交通方便，客房很干净，大小合理，但没有私人的洗浴设施，提供一切日用物品，店主很热情，早餐很棒，饭菜的量也很足，还会提供热茶，夜晚周围也很安静，感觉像家一样，如果找不到目的地，店主还会亲自开车接送，很贴心。

京都市伏见区，深草一坪町 20-6

乘坐地铁京阪本线（Keihan Main Line），在伏见稻荷站（Fushimiinari Station）下车，向北步行约 50 米

普通双人间约 4000 日元 / 晚

弗米利恩咖啡酒吧

弗米利恩咖啡酒吧（Vermillion Espresso Bar & Info）是一个传统的意大利咖啡店，位于伏见稻荷大社景区山下，交通较为便捷，咖啡和抹茶的味道极好，咖啡店周围环境相对安静，是一个理想的休息场所，店内还有免费的 Wi-Fi 可以使用，老板也很热心，会建议你在京都去玩什么，去哪里吃饭等。推荐这家店的宇治抹茶拿铁（Uji Matcha Latte），浓郁的奶味和清甜的茶香完美结合在一起，让人陶醉。

- 京都市伏见区，深草稻荷御前町 85
- 从伏见稻荷大社社门向西步行，在深草稻荷御前町街向北步行 200 米
- kyotovermillion.wix.com/inaricoffee
- 周一至周三、周五 10:00 ~ 18:00，周末 9:00 ~ 18:00，周四休息

岚山景区 春秋适宜

岚山景区（Arashiyama）位于京都的西部，由于这里是日本古代平安时代很多贵族的游玩之地和居住区，所以保留了很多的文物古迹。这里风景秀丽，以春天的樱花和秋天的枫叶而著名，岚山的竹林道也很受游客喜欢，电影《卧虎藏龙》就是在这里取景。在岚山景区也可以乘坐观光小火车或游船进行观光，还可以去泡一下周围的温泉。岚山是一个适宜散心和度假的好去处。

- 京都市中京区，河原町二条，对乐清水町 359
- 乘坐 JR 嵯峨野线（即山阴本线），在嵯峨岚山站下车，再步行约 10 分钟
- kanko.city.kyoto.lg.jp

岚山景区周边

花伝抄旅馆

花伝抄旅馆（Kadensho）混合了传统酒店和旅馆的特色，在岚山景区内，这是与大自然对话最好的地方。在这静谧的时光里，拥有这样舒适的日式住处，是不错的体验。从这里乘坐公共交通或者步行即可到达竹林。旅馆房间很大、很舒服，楼下有免费的浴衣和枕头供使用，还有私人温泉可以泡，能洗去一天的疲劳。工作人员服务也积极，并且非常有礼貌，酒店还提供免费的冰淇淋，饭菜也很可口。

- 京都市西京区，岚山西石川町 6-1
- 乘坐火车阪急岚山线（Hankyu Arashiyama），在岚山站（Arashiyama Station）下车，向西北步行约 100 米可到
- 普通双人间约 1.7 万日元 / 晚（有早餐，不含晚餐），提前 20 天以上预订或者连住 2 晚，均可享受 1000 日元优惠
- 075-8634455

岚山吉村

岚山吉村（Arashiyamayoshimura，嵐山よしむら）靠近杜月桥，在这里看着风景、品尝点心是个不错的选择。推荐品尝招牌天妇罗荞麦面，面筋道有嚼劲，清新爽口，餐后附赠米汤配辣椒粉，味道独特。据说这种荞麦面是纯手工制作，一位师傅一天只能做出 20 多份。如果排不上队的话，也可以尝试一下豆腐宴，非常精致，纯正的豆香赛过珍馐。精心烹饪的岚山土生野味也值得品尝。在 2 楼的伸出式坐台上，落地玻璃可供游客欣赏岚山美景和渡月桥淙淙的水流。

- 京都市右京区，岚山渡月桥北诘女西 2 轩
- 从阪急岚山线的岚山站，向西北步行约 300 米，需要过渡月桥才能到
- www.arashiyama-yoshimura.com/soba
- 岚山膳 1650 日元 / 份
- 075-8635700

二条城 四季适宜

二条城（Nijo Castle）是由江户时代德川幕府所营建，是京都市区内比较有名的景点，由于是在市区中所以交通非常方便。作为幕府将军的住所，其设计也花了很多心思，光城内城外就有两道护城河，还在城内设置了鹂鸣地板，据说人走上去就会发出黄鹂一般的声响，这样以防外人进入。二条城内最大的古建筑要属本丸御店了，进去参观需要脱鞋，不许拍照。殿内的墙壁和隔门上画有猎野派画家的名画。二条城内的庭院也无处不透露着精致，松树、小桥、流水。安静清幽，是散步的好去处。

- 京都市中京区，二条通堀川西入二条城町 541
- 乘坐阪急电车或京都地下铁，到二条城前站下车
- www.city.kyoto.jp/bunshi/nijojo
- 600 日元
- 8:45~17:00
- 075-8410096

二条城周边

京都全日空酒店

京都全日空酒店（Ana Crowne Plaza Kyoto）位于二条城旁边，有京都捷运、公交车转运到各景点，交通便利。尽管离地铁站很近，但客房内的住宿环境很宁静，有免费接送车往返于酒店和京都车站间。酒店客房空间很大，装修虽然不豪华，但浴室很干净，服务员的中英文服务都很流畅，早餐有西式、日式供选择，饭店附近也有商店街、居酒屋、便利商店等。

- 京都市中京区，堀川通二条城前
- 乘坐地铁东西线（Tozai Line），在二条城前站（Nijojomae Station）下车，向东步行约 200 米可到
- www.anacpkyoto.com
- 普通双人间 2.3 万日元 / 晚起
- 075-2311155

阿一岱傻瓜面条

阿一岱傻瓜面条（めん馬鹿一代）是非常有趣的面条馆，老板是位中年人，非常热心，用餐结后，老板会询问接下来的行程、提供方向或者交通建议，并且拍照留念。拉面味道非常棒，店内招牌是韭菜拉面（ネギラーメン葱面），上面后给碗里加上一勺着火的热油，让人觉得新奇有趣。

- 京都市上京区，丸太町通日暮西入南伊势屋町 757-2
- 从二条城向北步行约 300 米
- menbaka.kyo2.jp
- 075-8125818

交通

进入京都

飞机

京都没有自己的机场，因为距离位于阪神地区的大阪国际机场（伊丹机场）和关西国际机场很近，所以前往京都可以先到这两个机场再转车前往京都。大阪国际机场运营的主要是日本国内的航班，该机场与京都车站之间有豪华大巴服务。关西国际机场既有国际航班也有国内航班，从北京、上海出发都有到关西机场的直航班机，从关西国际机场到京都有机场大巴、电车等交通方式。

京都机场信息		
信息	大阪国际机场	关西国际机场
地址	大阪府豊中市萤池西町 3-555	大阪府泉佐野市泉州空港北 1
电话	06-68566781	072-4552500
机场交通	1. 乘机场公交车从大阪国际机场到京都（京都站八条口）需要 50 ~ 55 分钟，1280 日元； 2. 乘 JR · 单轨电车往来机场及京都需要途经萤池、大阪站，到京都需 71 分钟左右； 3. 乘出租车至京都需 50 分钟左右，价格约为 2300 日元	1. 乘电车 JR（Airport Express "HARUKA"）到京都约 75 分钟，详情咨询：057-0002486； 2. 乘机场公交车从关西国际机场到京都车站 / 四条大宫需 88 ~ 120 分钟；票价：2500 日元，往返 4000 日元
网址	osaka-airport.co.jp	www.kansai-airport.or.jp

火车

京都站位于新干线上，是京阪神地区的客流中心，连接了东京、大阪、名古屋等城市，其所在的东海山阳新干线上的列车均在此停靠。

京都站是多条铁道线路的总站，交通非常便利。车站附近有多条公交车、地铁线路前往各观光景点。在这里前往滋贺县南部与大阪府北摄地区、奈良县北部地区也很方便，可以登录 www.japanican.com，查询更多新干线和住宿信息。

长途汽车

乘坐长途汽车到京都也是一个不错的选择，在主要路线东京—名古屋—京都—大阪线上，激烈的竞争导致票价比较便宜。一般选择晚上从东京出发，清晨到达京都，全程约 7 ~ 8 个小时，票价约为 8180 日元。

市内交通

京都的交通方式很多，有市营公交车、京都观光公交车、JR 电车、地铁、出租车等交通工具可供选择。京都的地铁线路有限，目的是为了保护市内的名胜古迹，所以乘坐市营公交车游览京都是既便捷又实惠的交通方式。京都还开通了环游京都的观光公交车——“京都日间公交车”，在主要景点间运营。

京都主要交通工具信息

交通工具	票价	备注
市营公交车	在均一区间内 220 日元；一日乘车券为 500 日元	除市营公交车外还有京都公交车、洛公交车等，但常乘坐的为市营公交车和京都公交车。市营公交车均为淡绿色车身，后门上车，下车前需要按铃
地铁	按区间计票，5 个区间内的票价分别为 210 日元、250 日元、280 日元、310 日元、340 日元	市营地铁分为南北向的乌丸线和东西向的东西线，两条线路在中间的乌丸御池站换乘。乌丸线是绿色的，用“K”表示，东西线是红色的，用“T”表示
观光公交车	2000 日元	在游客较多的双休日及节假日运营，途经金阁寺、清水寺等景点，当日车票需在京都站等 4 处购买，约 1 小时一班车。咨询电话：075-6722100
JR	在市区范围内，基础单程票价为 120 ~ 400 日元	京都市内主要的运行路线有 JR 京都线、JR 嵯峨野线、JR 奈良线，各线路可在东京站换乘，中途停车站各有不同
电车	各种电车票价不同，150 日元起。具体价格按距离远近而不同	包括叡山电车、京阪电车、阪急电车、京福电车等，不仅在京都府运营，也涵盖了周围的县、市
出租车	根据车型大小和公司不同，费用也不同。起步价约为 580 ~ 650 日元 /2 千米，之后 80 日元 /370 ~ 430 米	京都的出租车大部分能坐 4 人，也有车型可乘 5 人，出租车还可以按游客的使用时间、游览景点提供包车服务，价格另算。京都站的乌丸口是出租车集中的候车点

名古屋

绿荫夹道，鲜花吐芬

名古屋春天气候湿润温和，市内处处开满樱花，是赏樱的好时节。名古屋的古建筑和樱花构成一幅美丽的画卷。夏季可以参加丰田御出祭花火大会。冬天虽然较冷，但因为圣诞节期间的彩灯与圣诞树，这个冬季也温暖如斯。

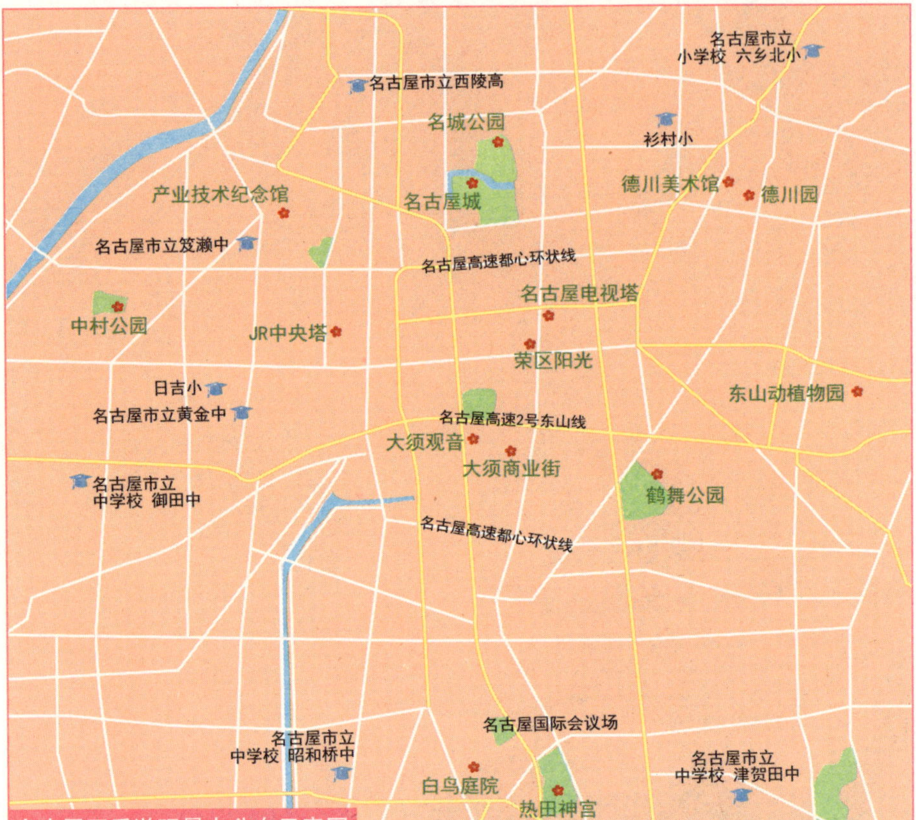

名古屋四季游玩景点分布示意图

春季★ 夏季★ 秋季★ 冬季★

名古屋景点适合游季					
景点名称	春季	夏季	秋季	冬季	景点特色
JR 中央塔	★	★	★	★	低楼层部分主要是餐厅和商店，其余多半是酒店及商务办公
热田神宫	★	★	★	★	收藏有刀剑等被指定为日本国家文化财产的大量宝物
名古屋港水族馆	★	★	★	★	馆内有世界最大级别的主游泳池，可以观看到精彩的表演
名古屋电视塔	★	★	★	★	可以 360° 俯瞰名古屋市，四季皆可
德川美术馆	★	★	★	★	主要收藏了江户幕府第一代将军德川家康使用过的物品（即所谓的大名道具）等
东山动植物园	★	★	★	★	园内环境幽美，动植物种类繁多，季节不同，特色各异
大须商业街	★	★	★	★	商店街密密麻麻分布着约 1200 家店铺，是名古屋购物的好地方
产业技术纪念馆	★	★	★	★	纪念馆主要由大厅、纺织机械馆、汽车馆、技术乐园、丰田集团馆组成
名古屋城	★	—	—	—	春天樱花盛开时是名古屋城最美的时刻
德川园	★	—	—	—	春可赏花，夏可避暑
鹤舞公园	★	—	—	—	不可错过的赏樱地
中村公园	★	—	★	—	赏樱，游览古迹，春秋最佳
名城公园	★	★	★	—	适合晨练，散步，观鸟以及远观名古屋城

名古屋城 春季适宜

名古屋城（nagoya castle）是日本著名的城堡建筑，与大阪城和熊本城并列为日本三大名城。它由当时日本实际统治者德川家康修建，“二战”时期因战争被毁，后来重建，增加了很多现代化设备，虽然没有大阪城的城楼高大，但里面展示的内容和知识却是大阪城没有的。春天樱花盛开时是名古屋城最美的时刻，城堡会被粉色的花海包围。另外，城堡外的广场会举办一些复古的表演，感兴趣的话可以前往观看。

- 名古屋市中区本丸 1-1
- 乘坐地铁名城线在市役所站下车，步行 5 分钟左右；乘坐地铁鹤舞线在浅间町站下车，步行 12 分钟左右
- www.nagoyajo.city.nagoya.jp
- 500 日元
- 9:00 ~ 16:30；天守阁最晚 16:00 之前
- 052-2311700

名古屋城周边

射击运动酒吧 & 烧烤

射击运动酒吧 & 烧烤是一家以运动为主题的餐厅，非常适合朋友聚在一起观看体育比赛，喝酒聊天。服务员很热情而且都是双语服务，这里的玉米卷沙拉很不错，建议品尝一下。

- 名古屋市中区，荣 2-9-26
- www.shooters-nagoya.com/index.asp
- 052-2027077

热田神宫 四季皆宜

热田神宫（Atsuta Jingu）是日本三大神社之一，历史悠久。热田神宫大殿供奉武尊和宫簀媛、以及天照大神、素盏鸣尊、见稻种命 5 位神明，他们在日本历代都极受重视，在民间更是有着极高的威严。神社内还藏有刀剑等被指定为国家文化财产的大量宝物，每年来此游览和参拜的游客都络绎不绝。

- 名古屋市热田神宫 1-1-1
- 乘坐 JR 中央线到达热田车站后，步行前往即可
- www.atsutajingu.or.jp
- 9:00 ～ 16:30
- 052-6714151

中村公园 春秋适宜

中村公园（Nakamura Park）是在丰臣秀吉当年诞生的地方所修建的公园。如今在园内还可以找到丰公诞生之地的石碑和年幼时同小伙伴们玩耍的铜像。园内的丰国神社也是为了祭奠秀吉而兴建的，全日本仅有四座。公园东侧的妙行寺是加藤清正诞生的地方，因此公园内的中村公园文化广场，收藏和展示了秀吉公和清正公的众多遗物。公园的参道口处还修建着高大的中村大鸟居，非常的壮观。另外，这附近还是名古屋的樱花名所，春季到名古屋旅行的话一定记得要去中村公园看一看。

- 名古屋市中村区，中村町茶 25
- 搭乘地铁东山线到中村公园站下车，沿大鸟居方向直行约 10 分钟
- 公园全天；文化广场 10:00 ～ 17:00，每周一、每月第三个周五、12 月 29 日至 1 月 3 日关闭
- 052-4118106

JR 中央塔 四季皆宜

JR 中央塔（JR Central Towers）是与名古屋车站相连的复合式建筑，并作为世界上最大的车站建筑被纳入吉尼斯纪录。18 层以下的低楼层部分主要是餐厅和商店，上面的两栋超高楼层被称为南塔和北塔，南塔较为高些，共 53 层，是酒店专用。北塔则主要是商务办公楼层，可以乘坐电梯到顶层(51 层)，从那里欣赏名古屋的风景。

- 名古屋市中村区，名 1-1-4
- 搭乘 JR、近铁、名铁、地铁名古屋站直达
- www.towers.jp

JR 中央塔周边

名古屋万豪酒店

名古屋万豪酒店（Nagoya Marriott Associa）位于名古屋车站附近，前往景点交通便利，楼下有百货大楼和购物中心。酒店的房间很大，床也比较舒适，早餐提供的相对丰富，健身房等娱乐设施齐全，价格也很实在。

- 1920 Main Street Santa Monica
- 在洛杉矶国际机场乘 3 号大蓝巴士 (BigBlue Bus) 可前往
- www.santamonica.com

名古屋港水族馆 四季皆宜

名古屋港水族馆（The port of Nagoya）是全日本占地面积最大的水族馆之一，分为南馆和北馆。南馆展示的是从日本海岛南极地区的各种海洋生物，北馆展示的则是海洋生物的进化历程。展馆内还有 IMAX 海洋电影并且还可以同动物进行互动游戏，周围有商店可以购物，交通也很方便。

- 名古屋市港区，港町 1-3
- 乘坐名古屋市营地铁，到名古屋港站下车后从三口出站步行 5 分钟左右
- www.nagoyaaqua.jp
- 2000 日元
- 9:00 ~ 17:30
- 052-4118106

名古屋电视塔 四季适宜

名古屋电视塔（Nagoya Towers）坐落在大通公园内，是日本最早的一座集约电波塔。塔上的旋转楼阁可以俯瞰到 360 度的名古屋市夜景，并且这里还被选定为恋人圣地，是名古屋市的地标之一。

- 名古屋市中区，锦 3-6-15
- 乘坐地铁樱通线，在久屋大通站下车，向南步行 8 分钟左右
- www.nagoya-tv-tower.co.jp
- 700 日元
- 4 月 ~ 12 月 10:00 ~ 22:00，1 月 ~ 3 月 10:00 ~ 21:00
- 052-9718546

鹤舞公园 春季适宜

鹤舞公园（Tsuruma Park）是名古屋市中心区的一个都市公园，建于 20 世纪初期，是当地有名的欣赏樱花的地方，周围交通便利，三月份春季樱花盛开之时一定不要错过。

- 名古屋市昭和区，鹤舞 1
- 从 JR 东海中央本线或者名古屋市营地铁鹤舞线站下车，步行 3 分钟左右

鹤舞公园周边

Yabaton Honten

Yabaton Honten 是一家日本料理店，主打菜是豆酱猪排，味道微甜，猪排上还覆盖着面包屑，蘸上热的豆酱，再配上切碎的白菜跟米饭，非常可口。

- 名古屋市中区，大须 3-6-18
- www.yabaton.com
- 052-2528810

交通

进入名古屋

飞机

进出名古屋的主要机场是中部国际机场，它位于伊势湾附近的一座人工小岛上，是中部地区重要的交通枢纽。中部国际机场与日本国内 20 多个城市通航，也开通了几十条国际航线，从中国的北京、上海、天津、大连等地都有直达中部国际机场的航班，待出港后可直接乘坐电车或机场大巴前往名古屋。

中部国际机场信息	
地址	爱知县常滑市新特丽亚 1-1
电话	056-9381195
交通	从机场至名古屋可乘坐最快的机场列车，到名古屋火车站仅需 28 分钟，然后可换乘东海道新干线、JR 线、名铁线、名古屋市营地下铁等
	机场公交车在 1 号航站楼搭乘，有机场至名古屋市内的直达公交车。从“荣 · 伏见”出发，需 46 ~ 76 分钟，费用 1000 日元；从“藤が丘”出发约 55 分钟，费用 1400 日元
网址	www.lawa.org

火车

名古屋站是名古屋市内重要的交通枢纽，是一个由东海旅客铁道（JR 东海）、日本货物铁道（JR 货物）、名古屋临海高速铁道、名古屋市交通局（名古屋市营地铁）等单位所共用的铁路车站。站内连接着四大线路——东海道新干线、东海道本线、中央本线、关西本线，从东京到名古屋需要 2 个小时左右。

长途巴士

名古屋紧靠东名高速公路、名神高速公路、中央自动车道等高速线路，连接着全国主要城市。乘坐长途汽车既省钱又快捷，从东京到名古屋可走东名高速公路，全程约 6 个小时，夜晚票价 2700 ~ 5000 日元。

市内交通

名古屋市内有多条交错的铁路，配合地铁、市公交车等交通工具，使得其出行非常方便。地铁是名古屋主要的交通方式，目前共有 6 条线路，绝大多数地方都能到达。观光公交车也很快捷，一整天下来可游览名古屋市内的各大景点。

名古屋市内交通工具信息		
交通工具	票价	备注
JR	依据距离远近计票	JR 东海道线连接地铁名古屋站和金山站；JR 中央线连接地铁名古屋站、金山站、鹤舞站、千种站、大曾根站
名铁（名古屋铁道）		名铁线涵盖爱知县和岐阜县，连接地铁名古屋站、金山站、荣站和大曾根站
近铁（近畿铁道）		近铁线连接到三重县和关西地区，连接地铁八田站和名古屋车站
名古屋临海高速铁路（Aonami 线）	分为 6 个区，价格 200 ~ 350 日元	连接名古屋站和名古屋港的金城码头的铁路线，全程约 24 分钟
磁悬浮列车（Linimo）	340 日元左右	Linimo（东部丘陵线）从地铁藤之丘站到八草站之间，全程约 17 分钟
地铁	分为 5 个区间，价格 200 ~ 320 日元，地铁一日券 850 日元	共 6 条线路，东山线、名城线、名港线，鹤舞线，樱通线和上饭田线。其中名城线是环状线路，连接名古屋市内的各大商圈和景点
市公交车	均一票价，200 日元	主要的公交车枢纽站：名古屋站（站前巴士乘车中心二楼）和荣地区（绿州 21、喷水南）
观光公交车	一次券 200 日元，一日券 500 日元	乘坐 Me-guru 观光公交车可到达：名古屋站地区、荣地区、名古屋城 · 德川地区、伏见地区
出租车	各公司不同价格不同，一般是 610 日元 /1.8 千米	近铁出租车：052-2216611 名铁出租车：052-3312211 Towa 出租车：052-9622331

札幌

邂逅雪国小城

札幌的春季来得有点晚，等到日本别的城市的樱花都开过了，札幌的樱花才姗姗来迟。春日阳光明媚的时候，在樱花树下烤肉赏花，惬意至极。当然，很多人喜欢在大雪纷飞的时候来到札幌，来滑雪和泡温泉。2月上旬这里举办北海道冬季最大的活动——札幌冰雪节，是赏雪、滑雪的好时机。

札幌四季游玩景点分布示意图

春季★　夏季★　秋季★　冬季★

札幌景点适合游季					
景点名称	春季	夏季	秋季	冬季	景点特色
白色恋人公园	★	★	★	★	可以参观名糕点——“白色恋人”公园制造厂的巧克力博物馆
札幌电视塔	★	★	★	★	四季都可以观看札幌特色的活动，如冰雪节、白色霓虹灯节、丁香花节、鲜花竞赛会、烟花大会等
北海道旧本厅遗址	★	★	★	★	了解北海道的历史和文化，这里最合适
札幌钟楼	★	★	★	★	札幌的著名古迹，是北海道大学的前身——札幌农业学校的练武场
北海道神宫	★	★	★	★	当地人祈求出行平安、升学顺利、姻缘等也都会来到神明的面前参拜
渡边淳一文学馆	★	★	★	★	此文学馆为日本著名建筑师安藤忠雄设计
圆山公园	★	★	★	—	有着札幌市内最古老的山林，也是市内最古老的赏樱地。公园内有动物园、田径场、棒球场和儿童乐园，春夏秋皆可游玩
动物园	★	—	★	★	在里面可以看到北极熊、雪豹等哺乳动物以及鸟虫类等 170 多种可爱的动物
中岛公园	★	—	★	—	有被列为日本国家重要文物的丰平馆以及江户时代初期的茶室八窗庵，拥有日本国内最大管风琴的札幌音乐厅
北海道大学	—	★	★	—	人文气息浓厚，秋季时黄叶特别漂亮
啤酒博物馆	—	★	—	—	陈列日本啤酒发展史、酿酒器具、酿造过程，参观结束后还可以免费畅饮最新鲜的啤酒一杯，夏季最佳
大通公园	—	—	★	★	秋冬季适合，可以看到雪祭节

白色恋人公园 四季皆宜

北海道特产的白色恋人白巧克力甜点在日本极具名气，在日本国内各大机场均有售，颇受海内外游客好评。白色恋人公园（Shiroi Koibito Pa-ku）是以这种甜点为主题的观光公园，在这里不仅能了解到巧克力的历史，还可以参观白色恋人在流水线上的制作过程。如果有兴趣，还可以体验一下亲自制作巧克力的乐趣。此外，公园内还设立有收藏展览室，留声机展览馆，极具复古浪漫气息，让人仿佛回到过去的时光中。

札幌市西区，沢 2-2-11-36

搭乘地铁东西线至宫泽站步行 10 分钟即可抵达

www.shiroikoibitopark.jp/chinese/index.html

600 日元

9:00 ~ 18:00

白色恋人公园周边

螃蟹本家

位于札幌站前的螃蟹本家（Sapporo Kani Honke）总店是著名的创作螃蟹料理专营店，其严选优质螃蟹，肉质肥厚、新鲜味美，且经济实惠。店内推荐菜品为螃蟹火锅，炸螃蟹，这些菜颇受游客喜爱。

札幌市中央区，北 3 条西 2-1-18

从 JR 札幌站南口步行 5 分钟即可抵达

11:30 ~ 22:00

札幌太阳道酒店

札幌太阳道酒店（Hotel Sunroute Sapporo）是札幌市内最具名气的经济型酒店，距离 JR 札幌站步行仅需 3 分钟，地理位置优越，周围购物中心，餐饮娱乐设施齐全。酒店房间设计典雅时尚，并且可为顾客免费提供无线网络，顶层还有投币式洗衣机，极其便捷舒适，此酒店可作为出游札幌住宿的首选。

札幌市北区，北 7 条西 1-1-22

从札幌地铁站北口出，步行 5 分钟左右即可到达

www.hotel-sunroute.co.jp

011-7378111

大通公园 秋冬适宜

大通公园（Odori Kouen）是札幌市内的一片狭长绿地，其景致优美，绿意盎然，是札幌市内集会、活动的主要场所。每年 2 月上旬的北海道雪祭盛会就以大通公园作为主要场地，吸引无数游人前来游玩。想要停下脚步放松一下的朋友们，可以选择晴好的天气花上 1 个小时来这里散散步，呼吸这个城市特有的气息。

札幌市中央区大通西

搭乘地铁东西线至大通站下车即可抵达

www.sapporo-park.or.jp/odori/cn_k

011-2510438

大通公园周边

狸小路商业街

狸小路商业街（Sapporo Tanukikoji Shopping Street）是北海道历史最悠久的商业街之一，已经有 140 年的历史。整条商业街与薄野地区的繁华街连城一片，长达 900 米，里面的 200 多家店铺包括了饮食、药妆、服饰、娱乐等等，是游客们购物必经之地。

札幌市中央区，南 3 条西 4-12

乘坐地铁南北线至薄野（Susukino）站下车，或从札幌站步行约 25 分钟

www.tanukikoji.or.jp

10:00 ~ 0:00

011- 2221305

札幌菲诺最佳西方酒店

札幌菲诺最佳西方酒店（Best Western Hotel Fino Sapporo）是札幌市内较具名气的酒店，它距离札幌火车站很近，步行仅需 2 分钟。酒店装修豪华时尚，客房整洁干净。酒店内部设有餐厅，前台设有 24 小时行李寄存服务，住客还可以享受到免费的无线网络服务。对游客而言，这是性价比较高的住宿地。

札幌市北区，北 8 条西 4-15

从札幌地铁站西北口处，步行 6 分钟左右即可到达

www.bwhotels.jp

011-7294055

北海道旧本厅遗址 四季皆宜

位于札幌市中心的北海道旧本厅遗址（Hokkaido Tyou Kyuuhon Tyou Sya）是北海道开拓时代的象征性建筑，其建筑设计具有浓郁的西洋风格，内部设有北海道立文图书馆向游人开放，馆内展品丰富，保存了大量与北海道开拓相关的历史资料。

札幌市中央区，北 3 条西 6

搭乘地铁南北线或东西线至大通站下车即可抵达

8:45 ~ 18:00，12 月 29 日至次年 1 月 3 日为休馆日

011-2045019

北海道旧本厅遗址周边

札幌拉面桑名店

北海道拉面极具名气，出游北海道，不得不品尝一番。札幌拉面桑名店是札幌站前的老字号商铺，售卖各种口味的拉面。店内贩售的味增汤是由经过 3 个月发酵的酱制作而成的，味道香醇浓厚，极受游客好评。店内推荐的品味增拉面仅售 840 日元。

札幌市中央区，北 4 条西 6-1F

011-2424177

札幌电视塔 四季皆宜

札幌电视塔（Sapporo TV Tower）位于大通公园旁，别名札幌铁塔，其高度为 147.2 米，是札幌市内著名的地标性建筑。札幌电视塔设施完备，其底层设有美食街，内部荞面店，烤串店等传统日式餐厅一应俱全。位于塔体约 90 米处设有展望台，可将塔下的优美风光一览无余，因而堪称观览札幌夜景最佳场地，站在此处只见札幌市内灯火璀璨，极为壮阔美丽，颇受游客好评。

- 札幌市中央区，大通西 1
- 由地铁大通站步行 5 分钟即可抵达
- www.tv-tower.co.jp
- 700 日元
- 9:30 ~ 21:00
- 011-2411131

北海道大学 夏秋皆宜

北海道大学（Hokkaido University）是日本著名学府之一，其历史悠久，人文气息浓厚。校园里保留有明治建校初期时的建筑物，象征北海道大学的克拉克博士半身雕像、100 多年历史的古河讲堂、收藏有千万年前灭绝动物骨骼标本的综合博物馆、札幌农学校时期使用的第二农场遗址等。校园内景致优雅，林木葱郁，其汇聚了银杏树和白杨树的林荫道极为有名。

- 札幌市北区，北 8 条西 5
- 由 JR 札幌车站北口步行 10 分钟即可抵达
- www.hokudai.ac.jp
- 011-7162111

交通

进入札幌

飞机

札幌有两个机场，分别是新千岁机场和丘珠机场，其中新千岁机场是来往札幌最主要的机场。中国有航班直接飞往新千岁机场，从东京、大阪、京都等地飞到札幌也只需 1 个多小时。新千岁机场到札幌市区十分方便，有 JR 快车直接到达。

火车

札幌的铁路网密集，铁路通往四面八方，你可以乘坐 JR 的寝台特急仙后座号、寝台特急北斗星号、寝台特急曙光号、函馆本线、室兰本线、根室本线等到达札幌，十分方便。也可以从札幌站坐 JR 电铁到小樽等地。

市内交通

札幌的市内交通，有地铁、观光巴士、出租车、公交车等，方式众多，出行便利。其中地铁是在札幌出行的主要交通工具，共有 3 条线，连接着札幌的主要景点和区域。另外，观光巴士（www.visit-hokkaido.cn）也很便利。

札幌的交通优惠票	
优惠票	信息介绍
日地铁通票	第 1 种是只限周末使用的一日地铁通票，票价为 500 日元，只限当天使用，不限次数
	第 2 种是一日通用票，票价为 1000 日元，可在当天任意搭乘地铁、有轨电车、札幌市内区间的公交巴士
	第 3 种是地铁专用一日通票（地下铁专用 1 日乘车券），票价为 800 日元，儿童半价，可在当天任意搭乘地铁
SAPICA	凭此卡可乘坐札幌圈的地铁、巴士、市营电车，在地铁各车站、月票发售处、巴士总站、营业所窗口发售。发售价格为 2000 日元，其中可使用金额为 1500 日元，押金 500 日元。车费的 10% 会作为点数自动累积，并自动享受换乘折扣
札幌散步巴士通用一日套票	使用通用一日套票可以免费乘坐札幌市内特殊区间的所有巴士，750 日元
札幌周游套票	公共交通设施和总计 26 处观光景点的通用门票，10 枚一组，非常方便实惠，1000 日元起

巴士

在札幌市内，许多巴士总站与地铁车站互接。由北海道中央巴士、JR 北海道巴士、Jotetsu 巴士 3 家公司运营的路线巴士穿行于市内各个区域。

北海道中央巴士的定期观光巴士是游览北海道观光名胜、大自然、品尝美食的预约制旅游巴士，有上午行程、下午行程、夜间行程、一日游行程等，可配合时间选择。巴士车上设有韩语、中文、英语等多国语音导览系统，从海外来的观光客也能尽情享受愉快的北海道之旅，预约或查询相关信息。可登录 teikan.chuo–bus.co.jp/zh/about。

地铁

札幌的地铁线路共有 3 条，分别是南北线、东西线、东丰线，这些线路把札幌的政府区域、旅游景点、生活区域连接到一起，运营时间为 6:00 ～ 24:00。根据线路及车站不同略有差异，可登录 www.ekibus.city.sapporo.jp 查询。

札幌市地铁线路		
地铁线路	英文	介绍
南北线	Nanboku	往返于麻生和真驹，共有 16 个站点（札幌、大通、中知岛等），颜色为绿色
东西线	Tozai	往返于宫之泽和新札幌，共有 19 个站点（大通、东札幌、圆山公园等），颜色为橙色
东丰线	Toho	往返于荣町和福往，共有 14 个站点（月寒中央、大通、札幌等），颜色为蓝色

下篇

旅游攻略

游日本，超简单

去日本旅行，了解证件办理、货币兑换、酒店与机票的预订、行李准备、当地交通等琐事非常有必要。而这一章节就为你提供这些便利。

行前

办理日本签证的技巧

前往日本旅游，办理好日本旅游签证是必须要做的事。日本的旅游签证目前已有三种，分别为团体观光、个人观光、多次观光签证。这些签证均需通过使领馆指定的旅行社办理。下面，就来介绍一下办理日本签证的技巧。

技巧一：先办护照

办理日本签证前，首先要做的事是办理护照。如果游客没有护照或者所持护照有效期不满 6 个月，就必须去办理或者更换护照。根据规定，全国现在共有 43 个城市的外地人在满足条件后，可以携带本人有效身份证或户口簿在当地办理，其他城市的人则需要携带有效身份证或户口簿在本人户口所在地办理。可以就近办理护照的城市有：北京、天津、石家庄、太原、呼和浩特、沈阳、大连、长春、哈尔滨、上海、南京、杭州、宁波、合肥、福州、厦门、南昌、济南、青岛、郑州、武汉、长沙、广州、深圳、南宁、海口、重庆、成都、贵阳、昆明、西安、无锡、常州、苏州、温州、嘉兴、舟山、泉州、株洲、湘潭、珠海、东莞、佛山。

办理护照的方法有两种，一种是携带证件到公安部门出入境管理大厅办理，另一种是在公安出入境网上办事平台官网办理。第一种为最常规的办证方式，第二种是随着城市发达程度而发展出的便民措施。

办理步骤

1. 领取申请表

携带户口簿、身份证到户口所在地（可就近办理护照的 43 个城市除外）的县级和县级以上的派出所、公安分县局出入境管理部门或者参团旅行社领取护照办理申请表。另外，也可以从当地公安局官方网站上下载并打印申请表。

2. 填写申请表

需要填写的信息与身份证（或出生证）真实信息一致，姓名不能用艺名、代称等。

3. 提交申请表

将本人身份证、户口簿相关证件及填写完整的申请表原件递交到办理柜台，并且索取《回执》，并支付费用 160 元。

4. 领取护照

公安局出入境管理处受理申请后，审批、制作和签发护照的时间是 10 ~ 15 个工作日。领取护照时，须携带领取人身份证或者户口簿、回执单，前往柜台领取。也可以在提交资料时，缴纳快递费用委托邮寄或由他人代领。凡在回执上标明取证日期而 3 个月后还没有领取证件或者没有安排邮寄的，公安局出入境管理处将予以销毁。

网上预约办理护照

有些城市现在接受网上预约出入境证件（包括护照、港澳台通行证等），省去了排队等待的时间。平时比较忙的游客，如果抽不出时间到大厅办理证件，可以通过这种方式先预约办理护照的资格，预约成功后，在指定的时间内携带自己的各种证件，前往指定的公安机关办理，可以不必再排队。不想再跑一趟取证件的游客，可以办理快递到家。在有些城市还能享受免费速递的服务。下面提供一部分网址供了解详情。

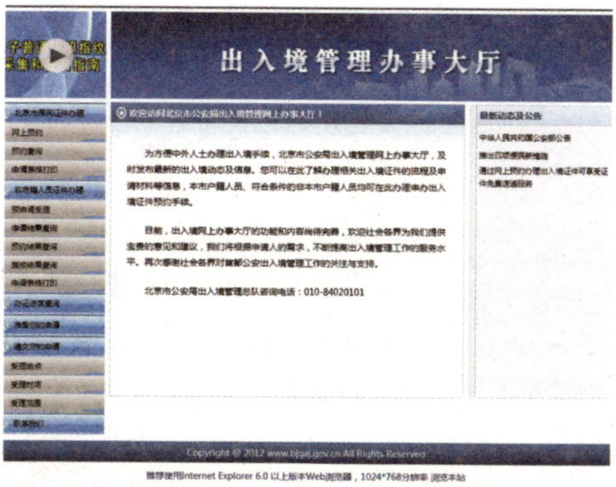

部分接受网上办理出入境证件的城市

城市	网址	城市	网址
北京	www.gaj.beijing.gov.cn/crjgl	上海	www.police.sh.cn/shga/gweb
广州	www.gzjd.gov.cn/ydyysq/index.do	深圳	www.szga.gov.cn

四季攻略

持有第一版护照并延期至 2017 年的游客，要注意在 2016 年 6 月开始换发新版护照，应该要提早更换，这样申请多次往返签证更为容易。换发签证后，旧护照被剪角返还。旧护照上面已有的签证，如果到 2017 年 1 月 1 日前还有效，在换发护照时保留有效。

技巧二：了解签证最新政策

自 2015 年 1 月 19 日起，日本面向“过去 3 年内有过短期赴日经历”的中国游客，将会在一定程度上放宽对其经济能力的审查标准，如经确认该公民达到一定经济能力，即可对其发放多次往返签证，并允许家属单独赴日。多次观光签证有效期限为 3 年，每次赴日最长可停留 30 天，要求首次赴日在冲绳或东北三县（岩手县、宫城县、福岛县）任意一处住宿至少 1 晚（邮轮访问冲绳或东北三县除外）。

此外，对于“具有相当高收入的人士及其家属”，还新设置了首次赴日不限地点的多次签证（有效期 5 年，每次停留期 90 天）。

技巧三：备齐办理签证所需资料

自助申请赴日签证需要准备的材料	
材料	备注
护照	有效期需在 6 个月以上，如有旧护照请一并附上；护照至少有 2 页供使用的签证空白页，护照尾页需持照人亲笔签名，如有过期护照也要一并准备好
旅游签证申请表	旅游签证申请表 2 份（身份证号码，家庭地址及电话，工作单位 / 电话及职务等，请务必如实填写，申请表必须有本人签名，签名必须与护照上的签名一致）
身份证、户口本	本人身份证复印件，全家户口本复印件（各 1 份，A4 纸）
照片	2 寸彩色（白色背景，4.5 厘米 X4.5 厘米，照片头发上部需留出 0.5 厘米～ 1 厘米的空白）近期照片 2 张
名片	2 张，所提供的地址、电话、姓名必须正确真实
资金证明	5 万元存款证明原件，半年以上的银行活期 / 定期存折、房产、行驶证的复印件各 1 份

续表

材料	备注
在职 / 读证明	本人所在工作单位的在职证明，上面应盖有单位公章，以及所在单位营业执照复印件并加盖公章；在校学生需提供学生证复印件（无学生证时，需提供学校开具的在校证明，并加盖公章）
单位证明	单位营业执照副本复印件，事业单位提供组织机构代码证复印件，均需加盖单位公章
签证费用	日本旅游签证申请手续费为 200 元，获得签证后，根据所提交的材料，每人需有 5 万 ~ 15 万元的保证金，回国后如期返还

技巧四：向代理日本签证业务机构申请办理签证

准备好办理签证所需的材料后，可以直接拿着材料前往日本驻中国大使馆或总领事馆指定的旅行社或签证申请代理机构进行申请，这样你就能快速、方便的办理好签证。

代理日本签证业务机构（经日本驻华大使馆认可的）		
名称	地址	电话
中国国际旅行社总社	北京市东城区东单北大街 1 号国旅大厦	010-85227638
北京市中国旅行社有限公司	北京市朝阳区朝外街道朝阳门南大街 18 号 203 室	010-64260396
中国旅行社总社	北京市东城区东交民巷 8 号	010-65593755
中青旅股份有限公司	北京市东城区东直门南大街 5 号中青旅大厦 5 层 507 室	010-58158341
中国妇女旅行社总社	北京市东城区灯市口大街 50 号好润大厦 2F202 室	010-85169732/30
中国天鹅国际旅游公司	北京市朝阳区东三环农光南里 1 号龙辉大厦 4 层 411 室	010-67319980
北京麒麟旅行社有限公司	北京市东城区东直门南大街 9 号华普花园 B 座 1201 室	010-84098107
北京凯撒国际旅行社有限责任公司	北京市朝阳区金桐西路 10 号远洋光华国际 AB 座 11-12 层	010-65983649
北京二十一世纪国际旅行社	北京市朝阳区亮马桥路 40 号	010-64624633
天津市对外服务公司	天津市河西区友谊北路广银大厦 2 层	022-58785377
陕西省国际交流中心	陕西省西安市解放路 282 号	029-82496867
河北省外事服务中心	河北省石家庄市师范街 81 号明月办公楼 B 座 108 室	0311-87807323
湖北省对外友好服务中心	湖北省武汉市武昌区八一路三号	027-87302550

国内飞往日本的航班

中国飞往日本的航班非常多，其主要由中国国际航空公司（www.airchina.com.cn）、中国东方航空公司（www.csair.com）、日本航空（www.cn.jal.co.jp）、全日空航空（www.ana.co.jp）等公司负责运营。中国北京、上海等地均有直飞东京、大阪、名古屋、札幌、冲绳的航班，大大方便了游客的出行。想要了解中国飞往日本的航班的具体信息，可以前往艺龙网（www.elong.com）、携程网（www.ctrip.com）等网站查询，也可以直接在各大航空公司官网查询。

中国到日本部分城市的直达航班

承运公司	航班号	班次	路线	出发时间	到达时间	实际北京时间
中国国际航空公司	CA925	每天均有	北京→东京（成田机场）	9:10	13:40	12:40
	CA157	每天均有	北京→东京（成田机场）	17:20	21:00	20:00
	CA157	每天均有	上海（浦东机场）→东京（成田机场）	17:20	21:00	20:00
	CA919	每天均有	上海（浦东机场）→东京（成田机场）	14:30	18:15	17:15
中国东方航空	MU539	每天均有	上海（浦东机场）→东京（羽田机场）	12:50	16:50	15:50
	MU523	每天均有	上海（浦东机场）→东京（成田机场）	9:40	12:50	11:50
	MU537	每天均有	上海（虹桥机场）→东京（羽田机场）	9:40	13:30	12:30
	MU521	每天均有	上海（浦东机场）→东京（成田机场）	11:45	15:55	14:55
	MU271	每天均有	北京→东京（成田机场）	13:00	20:55	19:55

日元的兑换与使用

日本通用的是日元（又作日圆），由日本银行发行。日元的单位为“円，（读音近似拼音 Yan），以￥表示，在美元和欧元之后被当作储备货币。日元的纸币有 1000 日元、2000 日元、5000 日元和 1 万日元 4 种。但需要注意的是，如果携带的是 100 万日元以上的货币，或者是与其等值的支票和有价证券时，则必须向海关申报。

日元分类

1. 纸币

1984 年 11 月 1 日日本银行发行了 10000、5000、1000 日元 3 种新钞票。过去使用的 10000 日元（圣德太子像）、5000 日元（圣德太子像）、1000 日元（伊藤博文像）3 种钞票以及 500 日元（岩仓具视像）硬币仍继续流通使用。每一种面值的纸币的大小都有差别，面值越大，其尺寸就越大，币面上的图像也不同。不过，2000 日元面值的纸币流通较少。

日元纸币详细信息		
面值	正面	背面
1000 日元	日本医学家野口英世	左边为本栖湖与富士山，右边为樱花
2000 日元	冲绳首里“守礼之邦”牌坊	《源氏物语》取景和紫式部的肖像
5000 日元	日本女小说家樋口一叶	燕子花
10000 日元	日本作家、教育家福泽谕吉	平等院凤凰堂内房顶上的凤凰雕塑

2. 硬币

日元的硬币有 1 日元、5 日元、10 日元、50 日元、100 日元、500 日元 6 种。日本“5 日元（5 円）”的读音和“缘”是一样的，所以 5 日元（5 円）的硬币带有“缘分”的美好含义。5 日元（5 円）硬币通常用来去神社参拜时祈福。10 日元的硬币背后铸有世界文化遗产平等院凤凰堂的建筑图案。

日本硬币详解				
正面	背面	币值	正面	背面
		1 日元	表面刻有树苗、国号、面值	图案是面值、铸造年份
		5 日元	刻有国号、铸造年份	图案是面值、铸造年份

续表

正面	背面	币值	正面	背面
		10 日元	刻有平等院内的凤凰堂、国号、面值	图案是常绿树、面值、铸造年份
		50 日元	刻有菊花、国号、面值	图案是面值、铸造年份
		100 日元	刻有樱花、国号、面值	图案是面值、铸造年份
		500 日元	刻有泡桐、国号、面值	图案是面值、竹叶、橘子、铸造年份（具防伪特征）

兑换日元

去日本旅行，人民币必须要换成日元才能使用。了解怎么兑换日元，在哪里兑换等非常重要。下面就来简单介绍一下。

中国国内各大银行都可以兑换日元，但需要携带本人身份证有效证件前往兑换。兑换时，需要填写外汇兑换单，交付人民币。另外，如果兑换日元金额较大，可能需要提前 1 天预约，第 2 天才能兑换。

虽然在日本主要城市的各银行等机构均有人工或自动的外币兑换服务，但是由于语言沟通上的困难和汇率损失的情况，推荐只在迫不得已的情况下再使用当地银行的服务。

只要标有“両替商 (Authorized Money Changer)”的银行或店铺都可以兑换。如在东京成田机场的京叶银行和千叶银行、大阪关西机场的泉州银行以及东京成田机场的兑换处兑换，最高兑换限额为 6000 元人民币，兑换时间为 12:00 ~ 19:00。另外，在三井住友银行的外汇兑换中心也可以兑换最高兑换限额为 20000 元人民币。在日本兑换人民币时，需出示护照、支付手续费。

使用日元

在日本，百货商场、高档宾馆、饭店都可以刷信用卡（少部分地方有金额限制）或银联卡。不过，一些消费较低的场所以及乘坐交通工具时，则需要使用现金。因此，建议游客除在国内兑换少量日元零用外，将现金都存入银联卡，到达日本后，如果急需用现金再找标有“両替商 (Authorized Money Changer)”的银行或店铺兑换日元，或者在日本的 ATM 上直接取款。

ATM 取款

日本邮储、三菱东京 UFJ 银行、SEVEN 银行、三井住友银行等机构的 ATM 可使用银联卡提取日元现金。使用境外银联卡在 ATM 上取款，银联借记卡单卡每日累计取款不超过 1 万元人民币的等值外币。而且日本邮储的 ATM 不支持查询功能。银联卡境外不能进行银行柜面转账和提现。

除国内银行收取的手续费外，日本部分 ATM 机构还会加收 75 日元或 110 日元的 ATM 服务费。

四季攻略

日本大部分邮局的 ATM 在周一至周六的能取现，时间为 9:00 ~ 17:00，周日和公共节假日不能取现。

日本住宿的预订与选择

在日本旅行，选择一个好的、舒适的住宿地，将会使你的旅途更加愉快。日本的住宿地种类非常多，其中包括日式旅馆、西式旅馆、青年旅舍、寺庙寄宿、漫画吃茶店等。预订日本住宿地时，你可以根据住宿地的类型、价格以及里面的设施进行选择。

住宿地类型

1. 日式旅馆

日式旅馆通常指的是拥有精美的木质建筑并配有榻榻米垫子和蒲团的传统日本旅店。进入日式旅馆时，要在门口脱鞋，将鞋头朝门外放置，再穿着袜子前往接待处，在登记住房时还需要出示护照。这种旅馆的种类既有价格高昂的豪华型旅馆，也有价格实惠且环境优雅的旅馆，其价格为 4000 ~ 100000 日元 / 晚，有些会包括早晚两餐怀石料理。

2. 民宿

民宿（Minshuku）是家庭化的旅馆，多设于度假胜地，也多由一个家庭合作经营，把顾客当作家人看待。民宿收费较低，房租通常包括早晚两餐，菜多以当地的当季菜肴为主。房间多以日式为主，在这里你可以把它当作自己的家，温馨而舒适。民宿每晚的房租是 6500 日元左右，包括早晚餐费，但是房间内不提供必要的个人用品。

3. 漫画吃茶店

漫画吃茶店是日本人休憩和社交的场所，内部配有私人房间和舒适的倾斜式座椅，还设有漫画图书馆，并提供咖啡和便宜的食物。这里 24 小时营业，游客可在内部休息、用餐。

4. 寺庙寄宿

日本有很多佛教寺院可供旅客过夜，其中以高野山的寺庙寄宿最受游客欢迎。寺庙内不仅可以供游客居住，还提供斋菜，并允许游客参加坐禅。寺庙寄宿的房价一般为 3000 ～ 10000 日元 / 晚。

5. 西式旅馆

日本大部分城市和著名景区附近都建有各种设施齐全、服务周到的西式旅馆，其内部的服务人员大都会讲英语。这种旅馆有中档和高档之分，其中中档旅馆单人间费用约为 9000 日元 / 晚，双人间费用约为 12000 日元 / 晚；高档旅馆单人间费用约为 15000 日元 / 晚，双人间费用约为 20000 日元 / 晚。另外，西式旅馆还会收取 5% ～ 10% 的消费税。想了解、预订这种旅馆，可以在日本各大火车站附近或者火车站内的观光服务中心咨询、预订。

6. 胶囊旅馆

胶囊旅馆是日本一种非常有名的住宿形式。旅馆内的每间房都由排列整齐的 2 层或 3 层的狭小小屋组成，其长度约为 2 米，宽度和高度约为 1 米。房间内部有床、电视、台灯、收音机、闹钟。这种旅馆大部分只接待男性顾客，一晚上的费用约为 3000 日元。

7. 青年旅舍

日本的大小城市几乎都有青年旅舍分布，尤其以热门旅游城市居多。日本青年旅舍的费用约为 2800 日元 / 晚，内部设施都比较齐全。日本青年旅舍办理入住手续的时间一般为 15:00 ～ 20:00，办理退房手续的时间一般为 10:00 之前。入住者的最小年龄限制为 4 岁，没有最高年龄限制。想要预订青年旅舍的人，可以在日本国际青年旅舍协会官网（www.jyh.or.jp）上预订，也可以在国际青年旅舍的官网（www.hihostels.com）上预订。另外，想要更好地了解日本青年旅舍的最佳信息还可以与日本青年旅舍协会联系，电话 03-32881417。

预订住宿地

如果你是在4月上旬至5月上旬、7月、8月、12月下旬等旺季前往日本，很有必要提前预订住宿地，这样既方便又省钱。想要在日本预订性价比比较高的住宿地，最好用日本的网站预订。虽然缤客（BOOKING）、安可达（AGODA）等国际订房网站很方便，但选择范围较小，价位较高，不适合旺季预订。推荐游客在日本乐天（travel.rakuten.co.jp）、日本雅虎（travel.yahoo.co.jp）、JALAN（www.jalan.net）这3个网站上预订。

这3个网站所能预订的住宿地类型较广，且多数住宿地都可以在入住时付款，只有少数需要在预订时用信用卡提前支付。这3家网站预订步骤如下：

1. 注册

虽然以上3个网站不注册也可以预订，但预订后想要查询或修改个人信息的话，十分不方便，因此建议注册后预订。注册时，网站可能会要求填“氏名(フリガナ)”（即用日语片假名填写名字的读音),不懂日语的人在这一步可以求助于懂日语的人帮忙翻译。

2. 挑选住宿地

注册成功后，在主页上选择入住的日期、地区和人数，并点击搜索，即可看到各种住宿地的信息。这时，你可以根据自己喜欢的住宿地类型和价位进行选择。

3. 预订

挑选好合适的住宿地后，就可以预定了。预订时，你可以根据网站的要求支付费用。预订成功后的确认信息，将会根据个人的选择发送到指定邮箱。想要修改或退订的话，直接登录网站操作即可。不过，有些酒店可能会对入住前临时退房收取部分或全部房费，因而预订时一定要记得看清这方面的信息，谨慎下手。

四季攻略

日本的住宿地内一般不提供牙膏、牙刷、梳子、拖鞋、剃须刀等个人用品，因此这些物品自己都要提前准备好。

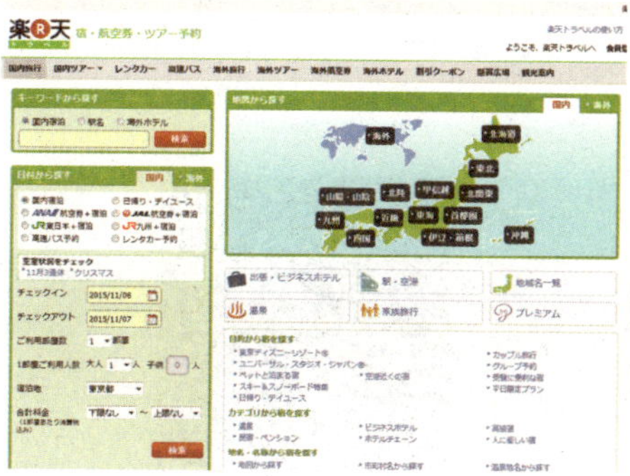

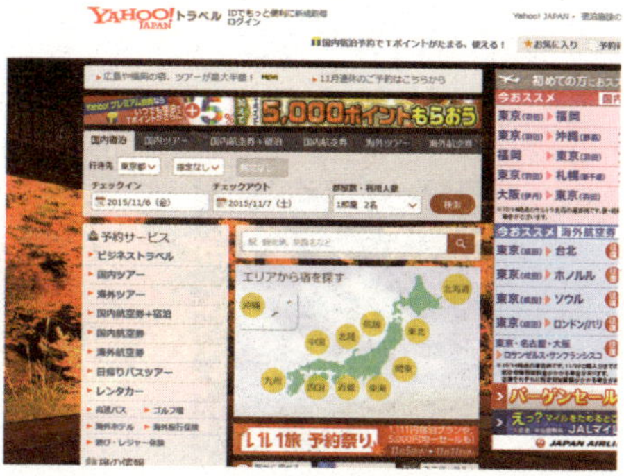

日本的电压与充电器

日本的电压是110V，频率为50Hz、60Hz。国内的手机、电吹风、电剃须刀大部分都可以在日本直接充电（看适用范围），但以防万一，建议带上电压转换器。日本的用电插座是双平脚插座，如随身携带的电器是带有圆柱形插头和三平脚插座插头的，建议带好转换插头。

日本与中国时差

日本在时差地图上被划分入东九区，比中国北京时间早1小时，目前依然没有明确的消息表示日本全国使用夏令时，只有少部分商家会采用夏令时促进人们消费。日本已为是否使用夏令时这件事情已经探讨了30多年，支持方认为使用夏令时可以节约能源，反对方认为这样打乱了人的正常作息时间，不益于儿童和老人的身体健康。不管怎样，去日本旅游只需要知道，北京时间的8:00，即日本当天的9:00就可以了。

提前下载APP

在日本游玩期间，如果能有一个软件供拍照翻译，能有一个软件能提供导航，能有一个软件供查询攻略等，那么出行的时光将会更加便利。在准备去日本前，不妨下载有关日本旅行的APP软件，让旅行变得更加生动和有趣。

GURUNAVI

GURUNAVI是搜索美食信息的软件，丰富的餐饮店信息包含英语、中文简体、中文繁体、韩语。软件具有方便的GPS机能，可以寻找从而所在地周围的餐厅，还可以指定自己喜欢的美食类型、地区、预算以及设备等，便利地找到适合自己的餐厅。餐饮店的菜单页多是日语译文，不过不会讲日语也没关系，在餐饮店内启动应用软件，就可轻松点菜了。

大小：3.7MB　支持：iPhone手机

扫描二维码：

十六番

十六番是一个旅行者们交流的社区，大家可以相互提供旅行经验，打折卡号，分享旅行见闻和乐趣。还能及时了解十六番折扣信息，随时随地观看十六番出境游攻略，找到有用的信息，给出行带来极大的方便。最重要的是，可以手机提问，番友以及版主都会回复你，还可以互动。

大小：8.4MB

支持：iPhone手机、安卓手机

扫描二维码：

换乘案内日本交通查询

换乘案内日本交通查询软件只需输入起点和终点，即可帮你查询如何乘坐电车，选择最快最近的路线，即使在交通线路繁多的日本你也不会再迷路，轻松到达目的地。

大小：731.1KB

支持：iPhone 手机

扫描二维码：

谷歌地图

Google 地图和 Google 街景是配合一起用的，十分方便。唯一的缺陷是 GPS 定位不够精准。Google 地图支持下载离线地图，可以先把日本的地图下好，到时候就算不联网也可以使用了。（但是不支持离线查询）。

大小：22.2MB

支持：iPhone 手机 、安卓 2.1 以上版本手机

扫描二维码：

谷歌翻译

谷歌翻译可以翻译 60 多种语言的字词和短语。对于大多数语言，可以直接读出短语。而且提前把要去的国家的翻译结果加上星标，即使在离线状态下也能查询历史翻译结果。

大小：3.4MB

支持：iPhone 手机、iPad、iPod Touch；安卓手机

扫描二维码：

到达

怎样办理出入境手续

出入境是进出日本非常重要的环节，乘客前往日本需要提前了解怎样办理出入境的手续，以避免过不了安检、行李找不到、忘记退税等情况的发生，这样你才能顺利通过边境进入日本或者回到中国。

入境

对于初次乘飞机到达日本的游客，办理入境手续可能会感到比较困难，但只要你按照一定的指示和步骤，很容易就能通过的。

1. 填写出入境卡

日本出入境卡又被称为“日本入国卡”，分为左右两面，右面是入境审查时提交的（上面有中文、英文、日文三种文字，容易识别），左面是出境审查时提交的，因此在日本期间一定要保管好出入境卡左面且不要折叠。这张卡在飞行途中，工作人员就会发放给你，你直接在飞机上填写即可，如果看不明白，可以直接向机乘人员咨询。

2. 填海关申报表

填完出入境卡后，接下来可照实填写海关申报表。填好后，建议将出入境卡、海关申报单和护照等证件放在一起，以待下飞机后检查。

3. 入境检查

下飞机后，走外国人专用通道来到入境检察官面前，出示签证、护照、出入境卡、海关申报表，然后入境检察官会引导你在指纹机上记录电磁指纹信息，采集头像信息。之后，入境审查官会向你询问问题，并会在护照上加盖入境许可章，最后会将护照和出入境卡的左面返回给你。

4. 领取托运行李

入境检查完毕后，你可沿着指示牌前往行李提取处（Baggage Claim）领取托运行李。

5. 过海关检查

日本海关检查有红色和绿色两条通道，没有携带上税物品或禁止携带物品的游客走绿色通道，有携带上税的物品或禁止携带物品的游客走红色通道。

出境

日本的出境手续和入境手续很相似，游客在离境前的72小时内，最好给航空公司打电话确认一下航班信息，也可以向航空公司服务处询问一下你到达机场办理登机手续的最佳时间以及前往机场的交通，以便留出充足的时间到达机场。

1. 领取登机牌、托运行李

到达机场后，先寻找机场的“Departure”（离境大厅）标识，然后在标识下面的液晶显示屏上找到所乘航班的名称、航班号，再找到自己所乘航班的航班柜台，然后出示护照、签证领取登机牌，办理行李托运手续。

2. 接受安全检查

办理完登机手续后，机场安检人员为了保证游客的人身安全，通常需要对游客进行一次手提行李和人身安全检查。检查时，游客需出示登机卡，然后将手提行李放入检查机旁的塑料筐内接受检查，游客再通过安全检测门接受人身检查。检查完没有问题后，就可以拿回检查完毕的手提行李了。

3. 办理退税手续

在接受完安全检查后，如果购买有含税物品，且没有在商场退税的，可以在机场关税台办理退税手续。退税时，建议选择刷卡退税方式，这样既简单又能立即生效。

4. 接受出境审查

在办理完退税手续后，可沿着出境审查通道，前往出境审查处接受出国审查。接受审查时，应将出境卡、护照、签证交给入国管理局的工作人员，经过他们加盖出境印章后，便可进入登机区。

5. 前往登机口

在进入登机区后，你可以按照登机牌上面的登机口号码，找到登机口，准备乘飞机离开。一般进入登机口的时间是飞机起飞前 30 分钟，如果时间比较充裕，可以在登机区的免税店购买一些免税商品。

如何从机场前往市区

日本的每个机场都有很方便的交通可以到机场所在城市的市区。如果自己预订的酒店有提供机场接送服务，那就不用操心怎么去市区了。但有的人没有预订酒店，或者有的酒店没有机场接送服务，需要自己乘坐铁路、公交车、出租车等交通工具前往市区，这就需要事先查找好去市区的路线了。另外，会开车的游客，也可以选择租车自驾前往市区。

铁路

日本的大多数机场都有铁路相通，如成田机场、羽田机场、关西机场等，都有很便利的 JR 铁路到达市区。在机场的时候，注意看 JR 铁路交通（包括新干线、特急、急行、快速、普通等类型）或铁道的指示牌，沿着指示牌走就能到达 JR 铁路搭乘口了。

公交车

日本由机场运营至市区的公交车主要是利木津公交车（Limousine Bus），这种公交车相对 JR 铁路来说要慢一些，但也是从机场到市区的主要交通工具。其票价和时间因机场而异，从成田机场到东京的费用是 3000 日元，行程为 80 ~ 110 分钟；从关西机场到大阪市中心的费用是 1300 日元，行程为 60 ~ 90 分钟；从关西机场到京都市中心的费用是 890 日元，行程为 120 分钟。

出租车

搭乘出租车（Taxi/Cab）前往市区是一种比较方便的交通方式。日本的每个机场都设有出租车上客处。上客处有工作人员专门引导游客乘车，在那里搭乘会比较安全。

四季攻略

在机场，你可能不知道要怎样乘坐交通工具去市区，那么你可以去问讯处咨询一下，那里一般都有工作人员会为你详细讲解机场到市区的交通，也会耐心地回答你提出的问题。成田机场的问讯处设在 JR 铁路检票口正对面。

与家人保持联系的方法

出门在外，家里人肯定会担心你的安全，所以免不了要打电话跟家人联系。因此，在日本旅行，怎样与家人联系，自然成了一个需要考虑的问题。随着手机的普及，出国旅行带上手机大大方便了沟通。不过，由于日本运营商的网络制式与中国网络制式不同，所以前往日本旅行最好将手机开通国际漫游。如果觉得漫游费用较贵，可以抵达日本后在机场租借当地的手机使用（在游玩板块有介绍）。如果预算有限的话，也可以使用日本的公共电话。

国际漫游的开通与收费

去日本旅行，如果打电话多，而且不习惯在日本重新办理电话卡，那么就需要办理国际漫游。可致电你使用手机的运营商办理国际漫游业务，也可以去营业厅办理。

日本国际漫游资费详情（单位：人民币元）

运营商	拨中国内地	漫游地接听	拨漫游地	拨其他国家和地区	发短信回中国	发短信至其他国家和地区	收短信	数据漫游
中国移动	2.99 元 / 分钟	1.99 元 / 分钟	1.99 元 / 分钟	3 元 / 分钟	0.69 元 / 条	1.59 元 / 条	免费	3 元 / 3M
中国联通	2.86 元 / 分钟	1.86 元 / 分钟	1.86 元 / 分钟	3.86 元 / 分钟	0.86 元 / 条	1.76 元 / 条	免费	5 元 / 5M
中国电信	2.99 元 / 分钟	1.99 元 / 分钟	1.99 元 / 分钟	3 元 / 分钟	0.69 元 / 条	1.59 元 / 条	免费	1 元 / M

备注：此处的“其他国家和地区”不含特定国家和地区

使用公共电话

在日本，到处都有公用电话。这些电话机的颜色大部分是绿色或是灰色的，可以使用 10 日元、100 日元的硬币和专用的电话卡拨打电话。一般在机场、车站、邮局、高级酒店和其他主要公共设施内，都能找到标有国际和国内电话字样的公共电话，并且可以拨往国外。电话卡可以在便利商店和车站的小卖店内购买。在同一通话区域内的电话费是每分钟10日元。需要注意的是，如果你用100日元的硬币打电话是不找零的。

在日本使用网络

虽然日本的很多地方都可以找到免费的Wi-Fi，大部分的酒店也都提供上网服务，不过在室外并不是随时都能找到免费的 Wi-Fi。为了时刻都体验上网的便捷，租一个随身 Wi-Fi 是便宜又简单的方法。当然也可以办理日本的上网卡。

随身 Wi-Fi 是一种可以提供多台电脑或者手机同时上网的工具，如果多人旅行，租一个非常划算。现在很多公司都有随身 Wi-Fi 的租赁服务，在很多网上购物平台也能租到。付款后，在日本机场领取，也可以在出发前领取。在日本旅游时把它带在身边，打开电源后就可以上网了。

从日本拨打电话联系家人的具体方法

了解了跟家人联系所要用到的通信工具后，再来具体了解一下怎样拨打电话。拨打中国国内的固定电话时，先拨国际字冠（00）+ 中国的国家代码（86）+ 城市区号（如北京 010，去掉 0，直接拨 10）+ 对方的电话号码。拨打中国国内的手机时，先拨国际字冠（00）中国的国家代码（86）+ 对方的手机号码。

怎样在邮局寄东西

日本邮政系统（www.post.japanpost.jp/english/Index.html）安全、效率极高，主要提供邮寄明信片、信件、小包、挂号信及储蓄等邮政服务。与其他发达国家相比，其平邮及航空信件的价格不是十分昂贵。日本明信片和邮票在邮局、便利商店、车站小卖店中可以买到。

日本邮局的标志由白色背景和一个红色的"T"以及位于"T"上部的一条横线组成，邮局附近道路的拐角处、邮局大楼和内部的公共设施等各处都摆放有红色和蓝色的邮筒。这些邮筒的投入口大小不一，方便游客按邮件的大小来选择邮筒投递。日本邮局工作时间为周一至周五 9:00 ~ 19:00，周六 9:00 ~ 15:00，周日及公共假日休息。部分城市的主要邮局在非营业时间也可能会开放服务窗口。想要邮寄物品的游客，只需在邮局营业时间内拿着物品前往邮局邮寄物品即可。

游玩

在日本旅行，假如不想跟团游玩，又不懂日语的话，请翻译兼导游陪同游玩将会给旅途带来很大的方便。到达日本后，你可以通过旅行社、酒店预约翻译兼导游，也可以向日本中文翻译导游协会（cgo-japan.org/cindex.html，03-38069950）联系翻译兼导游。日本翻译兼导游的收费取决于游客对导游技能要求的高低和服务时间的长短，一般情况下平均价格为每天 25000 ~ 45000 日元。另外，导游在服务过程中的交通、用餐、住宿费用也由游客负责。

四季攻略

游客如果单单只想请一个导游，而不想请翻译的话，请当地的出租车司机做导游是一个不错的选择，但日本出租车价格很贵。

如何在日本参加旅行团

游客如果初次出国旅行缺乏经验，在国内又没有参加旅行社的话，可以到日本各旅游城市参加旅行团。在日本参加旅行团前，建议先把整个行程做好，然后再根据自己行程安排找旅行社，找好旅行社后，不要轻易更改日期，否则旅行社会向你收取额外的费用。

参加旅行团步骤

1. 在日本参加旅行团前，建议先提前预订，预订的方式有三种：第一种在国内，直接登录 JTB 公司旗下预订旅行社的官网 www.jtb.co.jp/med，里面有日本各旅游城市的相关旅行社介绍，你可以根据自己的实际情况选择旅行社，然后直接在网上预订；第二种在国内，通过打电话的方式联系我们下面给你提供的那些旅行社，了解详细情况并预订；第三种抵达日本后，在相应机场的问讯处询问一下当地旅行社的信息，要他们帮忙预订。为了安全起见，建议游客选择第三种方式挑选日本的旅行社。

2. 预订好旅行社后，就可以前往旅行社签订旅游合同了，不过签合同前应把不明白的问题当面问清楚，如旅行社给你买的是哪些保险，如果没有保险单必须要在合同上写清楚。

3. 签订合同，一定要看清楚合同内容。

4. 确认出发时间和地点。

5. 留下自己的电话；存好旅行社的电话。

日本知名旅行社概况

名称	地址	电话 / 网址	简介
东京假日国际旅行社	埼玉县さいたま市桜区神田50–3	日本国内拨打048–8265838，日本以外拨打0081–488265838	日本境内一流地接公司，全程配备司机和导游，提供各种场合的日语翻译服务，还提供各种日本商品的代购服务
日本旭日国际旅行社	大阪市淀川去西中岛7–1–3–1205号	0816–63036068	为国际级组团旅行社，能提供全包式的团体旅游行程、团体自由行行程等服务
日本HIS国际旅行社	东京都新宿区西新宿6–8–1新宿オークタワー29阶	03–4351254	HIS是日本一家国际廉价机票服务旅行社的简称，已开办30年，其特点一是相对便宜，二是锁定日本年轻人市场
日本顶好国际旅行社	京都府京都市下京区中堂寺粟田町93番地	075–3149898	总部设于日本东京，拥有35年的经营经验，在上海设有分公司，可为中国游客提供地接、预订酒店航班、租车、安排会议、代理签证等服务
日本乐天旅行株式会社	东京都品川区东品川桥4–12–3	www.rakuten.co.jp	这是乐天公司旗下的一家旅行社，实力强劲，在日本相当有名气，可为游客提供一切旅游服务

日本的手机租赁与使用

在日本，中国的手机只有开通漫游后才能使用，但漫游费较贵。不过，游客可以租用日本当地的手机。租用日本手机有两种方法，第一种是在国内登陆日本软银（Softbank，日本最大的软件销售商）的官网 www.softbank-rental.jp/c/rental-plan.php 租赁手机，第二种是在日本其他一些手机租赁公司的官网上租赁。

租赁方法

1. 只租手机卡

租赁手机卡时，先看一下自己的手机是否能在日本用（国内适用 WCDMA

2100 频段的手机都可以用），如果持有 iphone4/4S、5/5C/5S 或以上版本手机，可以直接在日本用，这样一来只用在其官网上租一张 Sim 卡即可。

这种卡是 105 日元一天，手续费是 315 日元，假如你租 10 天的话，基本费用是 105×10+315=1365 日元。这种卡接任何电话都不要钱，但打电话要收 100 日元 1 分钟，发短信是 10 日元 1 条。想要用手机上网的人，在租卡时可选择开通了上网资费（如数据通信，网页浏览，收发电子邮件等）的卡，这种卡在你当日使用的流量费用没有超过 1550 日元（含税）时，按 0.32 日元 /Packet（128Bytes）收费；超过了 1550 日元（含税）时，仅收 1550 日元，不另外加收费用。

在网上租好卡后，直接到其指定的机场柜台领取。收到卡后，你直接把卡插入自己的手机便可使用。这种卡如果损坏，你需要赔偿 3150 日元，卡套损坏需赔 525 日元。租的时候，需要用到信用卡，产生的费用会在还卡 15 天后，直接从信用卡上扣除。

2. 手机和卡一起租

如果你自己的手机在日本不能用，那么你可以将手机和卡一起租用。租赁的具体费用可以在网站上直接查询。

预约好之后，你可以直接前往东京成田机场、羽田机场、大阪关西机场、名古屋中部国际机场、北海道新千岁机场，或者一些日本软银的直营店领取，用完还回原处。租的时候，需要用到信用卡，产生的费用会等还手机和卡十五天后，直接从信用卡上扣除。

其他手机租赁公司

日本其他手机租赁公司介绍

手机租赁公司	领取方式	租赁介绍	联系方式	如何返还
G-Call	可通过网络、传真或电话申请，可在成田机场、关西国际机场、羽田机场等地点领取	不能选择款式型号，仅限以信用卡结算	www.g-call.com/e/rental/dom/rental.php	在回国时返还，并以收件人付款（到付）方式快递返还
JAL ABC	可通过网络、传真或电话申请，在各机场柜台或用快递领取	可选择通话专用或带有上网功能的机种	网址：wwwjalabc.com/chinese/index.html；电话：813-35451143	在回国时返还或通过快递返还
Pu Pu Ru	可在各机场柜台领取，使用快递寄往指定地点或前往店铺窗口领取	以 NTTdocomo 为主，但也有 au、softbank 等各种型号供选择	网址：www.pupuru.com/ch（有中文翻译）；电话：08152-9571801	返还时使用附带的返还信封投入日本国内的邮筒
SoftBank Global Rental	可在各机场柜台领取，使用快递寄往指定地点或前往店铺窗口领取	仅限以信用卡结算	网址：www.softbank-rental.jp/cn/index.php；电话：813-3560-730	可以在机场柜台，一部分 Soft Bank 专门店返还或利用快递返还

交通

飞机

日本境内有 5 个国际机场，其航班主要由日本航空、全日空、北海道国际航空公司等负责运营，你可以在 www.jpwindow.com 网站上查询各个机场信息。

日本境内有四大国际机场，分别为东京的成田机场、大阪的关西机场、名古屋的中部日本国际机场、福冈机场，这些机场几乎涵盖了日本往来世界各地的航线，其中最重要的机场是成田机场。

在日本，除了某些城市之间乘坐新干线会更快以外，最节省时间的交通就是飞机。在日本，购买飞机票的方式很多，游客可以在旅行社代理店购买，可以在有航空公司的标记的私营铁路的车站购买，还可以使用信用卡预约机票，只需通过电话键输入信用卡号码，便能成功预约。如果是当日的机票只需持信用卡到机场即可办理。

铁路

JR 列车分类

新干线：这是日本运行速度最快，价格最昂贵的车种，主要运行于东京、名古屋、京都、大阪、神户、广岛、福冈、鹿儿岛、仙台、青森、长野等城市。新干线的主要线路为连接东京与博德间的“东海道·山阳新干线”、连接东京与八户（青森县）间的“东北新干线”、连接东京与新潟间的“上越新干线”、连接东京与长野间的“长野新干线”等，以及在九州岛运行的“九州岛新干线”（目前熊本县至鹿儿岛县之间已开通）等。

普通列车：这种列车又称“各停”，是 JR 列车中最慢的车，逢站必停。

快速列车：这种列车只在部分车站停靠，速度比普通列车快，但票价一样。快速列车分为区间快速、新快速与特别快速、通勤快速三种类型。假如列车的运行线路为 A–B–C，停车时 A 到 B 只在大站停，而 B 到 C 为每站都停，这就是区间快速；只停部分站点的为新快速与特别快速；只在上下班高峰期运营的快速列车为通勤快速。

急行列车：其速度比快速列车更快，耗时更少，停靠站点也更少，但价格更贵。

特急列车：其速度优于急行列车，价格比急行列车更贵。

寝台列车：这种列车又名“卧铺列车”，属于高级观光列车，线路极少，且有陆续停止运行的倾向，会根据铺位的不同收取不同的票价。

特殊列车：其一般只在旅游旺季运行，车厢外表和内部装饰别具一格，主要种类有“橙子食堂”列车、“北斗七星号”列车、“蘑菇美食”列车、“火影忍者”列车等，是游客体验日本列车文化的最佳选择。

特别夜行列车：这种列车一般在夏季运行，但只有座席，没有卧铺。

乘坐 JR 列车方法

JR 铁路因时间段、路段的不同而实行不同的票价，而且火车内座席和卧铺的票价也不同，因而在买票之前要先确定好自己的乘坐时间和乘坐的席别。日本乘坐火车的人比较多，其最早可以提前 1 个月购买特急和新干线的预订席火车票。日本火车站的设施都很好，有自动购票机、火车时刻查询表，非常方便。

乘坐 JR 列车前，首先是要购票，其有 3 种方式。

第一种是去往日本前，在有 GDS(Global Distribution System) 终端的旅行代理商那里购买换票证。到达日本后，到兑换点出示你在旅行代理商那里购买的换票证和你的护照，在核对好你的使用条件等相关信息后，给予兑换成通票。

第二种是在日本各地负责 JR 铁路运营的官网上购买，如 JR 东日本铁路的官网：www.jreast.co.jp。当你打开日本 JR 铁路的官网后，可以按照上面的中文指示购买火车票。通过网站购买换票证，然后将通过邮件发送给你的换票证（电子车票）打印出来，带到日本。到达日本后，到指定的兑换点，出示换票证打印件和护照，核对好你的使用条件等相关信息后，给予兑换成通票。

第三种是在日本各大火车站内直接向工作人员购买，或者在车站内的自动购票机上购买。

买好票之后，先要通过检票口（日文中称为“改扎口”）的自动检票机检票，然后再寻找显示各车次信息的电子显示牌，按照上面的信息找到所乘列车的发车站台。

之后，在站台上寻找所乘车厢的上车排队地点，新干线的站台上都标有自由席、指定席和绿色车厢的车号位置，找到后在指定的位置排队上车。绿色车厢和指定席的票面上标有座位号码，你要在指定的座席入座。如果购买的是自由席的车票，只要自由席车内有空坐，就可以自由入座。

等 JR 列车到站后，一般会有列车长通过中文广播告知乘客到了哪里，火车上也有液晶显示屏显示站点信息。如果你没听清广播，可以向身边的人或者火车上的工作人员询问具体到站时间和你该在哪个站下车。

日本铁路周游券

在日本，如果想乘坐 JR 铁路的列车观光，但又不想买高昂的单程票的话，可以购买方便、划算的“日本铁路周游券”（JR PASS）。有了“日本铁路周游券”后，你就可以在规定的日期内无限期乘坐日本 JR 列车和与 JR 列车有关的巴士和轮渡。而且儿童（6 ~ 11 岁）购买“日本铁路周游券”时，可以享受半折优惠。

“日本铁路周游券”在日本境内的专门售票点非常少，你可以在国内的 JTB、日本旅行、近铁国际、Toptour Corporation、日本航空（仅售给搭乘 JAL 集团班机的人）、全日空（仅售给搭乘全日空集团班机的人）、JALPAK 以及这些公司的代理点购买“周游券的换票证”。在到达日本后，再去日本境内指定的换票处，凭事先买好的“周游券的兑换票”，换取“日本铁路周游券”。

日本铁路周游票价

类型	普通车厢		绿色车厢（指特等车厢）	
	儿童	成人	儿童	成人
7 日	29110 日元	14550 日元	38880 日元	19440 日元
14 日	46390 日元	23190 日元	62950 日元	31470 日元
21 日	59350 日元	29670 日元	81870 日元	40930 日元

私铁

私铁常指私有铁路或民营铁路，又称民铁，是由私人企业经营的铁路运输系统。日本的私铁主要由日本民营铁道协会下辖的 56 家铁道公司负责运营，其中有 16 家公司是“大手会社”（即规模较大的公司）。日本的私铁主要分为特急列车、急行列车、准急列车、快速列车、高速列车、直行列车、普通列车等类型。想要查询日本各家私铁公司的介绍、最新信息、各条线路周边的旅游信息，可登录网站 www.mintetsu.or.jp。

日本私铁的主要作用是供日本人上下班和学生上学来回乘坐时使用，运行路线大多数是城市郊外的住宅区和城市的市中心区。假如你想到著名的游览地箱根、日光和奈良这些地方观光游览的话，建议乘坐私铁。

国营地铁

日本的很多城市都有地铁，而且线路非常多，因而地铁是日本人和国外游客出行的首选交通工具之一。日本拥有地铁的城市分别有东京、大阪、京都、名古屋、札幌、仙台、横滨、福冈、神户，其地铁运营时间大部分都在 5:00 至次日凌晨 1:00 这一时间段内。

日本地铁大部分都是按段收费，其车票有普通车票（一日券）、回数券、西瓜卡（Suica，相当于我们平时说的月票，仅供乘坐地铁和公交使用的储值卡）、PASMO（另一种 IC 卡，主要用于东京的地铁、公交，还可以在 PASMO 加盟店或者电子贩卖机刷卡消费）等种类。

在进入地铁站后，可以用硬币或纸币在自动售票机上购买地铁票，也可以在窗口购买地铁票。自动售票机旁边有英文标注的票价表，可以在上面查询到各目的地的票价。

在地铁进站前，需要在站台的黄色安全线外等候。列车来后，等车门完全打开，按照先下后上的顺序乘车，没能上车的话要耐心等待下班车，不能硬挤。乘坐地铁时，手机最好切换为静音或者震动模式，而且在车厢内大声喧哗会被认为是缺少涵养。

在日本，你有时会发现女性专用车厢（称为“Women Only”），女性朋友可以到这样的车厢乘坐。这里还有孕妇、小孩、残疾人士专用的优先席，这些席位通常没有人会抢占。

出租车

日本的出租车非常多，除了人烟稀少的偏僻地方外，任何城市的角落你都可以轻松地找到出租车。搭乘日本的出租车只需要在路边招手即可，出租车前挡风玻璃右下角处的显示灯红灯亮起“空车”时即为空车，显示灯绿灯亮起“赁走”时，表示已经载客。乘客一般由后门上车，车门会自动关闭。但出租车费用较高，不赶时间的话不建议乘坐。

日本的大多数出租车上，都有A和AA等标识。这两个标识显示的是出租车的等级，这些等级是由平日乘客向日本国土交通省和东京出租车中心反映的对出租车司机的服务态度、拒载、多收车资以及交通事故率和交通规则遵守状况等项目进行综合审查后评定的。建议游客选择乘坐AA级出租车。

日本出租车根据车型大小计价，起步价一般为580 ~ 660日元，之后每350米加收100日元。当出租车的车速小于10千米/小时的时候，每1分40秒钟加收80日元。23:00至次日凌晨5:00费用加收30%。出租车车内均安装有计程表，计价清晰明了。支付车费时，一定要看清计价器上显示的金额，并提前准备好零钱，付钱后记得要一张自动打印的收据，这样可以在受到不公平待遇时，凭收据与出租车公司联系，要求对方妥善处理。

公交车

日本的公交车种类很多，包括高速公交车、普通公交车、巡游公交车等类型。这些公交车是游客在日本除地铁和JR铁路外，最方便的交通工具。

高速公交车

高速公交车又称长途公交车、夜行公交车、Highway Bus，主要在高速公路上行驶。高速公交车主要连接各城市与旅游景区，与飞机、JR铁路相比，其优点是运费低廉。高速公交车的座席可任意调整角度，非常舒适。

日本的高速公交车大多需要提前一天或更多天预订座位，座位可以到公交车总站预订，也可以通过日本国内的旅行社或网络预订。如果是JR高速公交车票则可以在JR列车站售票台预订。预订长途公交车的票网站是willerexpress.com/tw/。在网上预订时，一定要先注册会员。在预订时，应仔细确认车票的购买期限（例如在出发 30 分钟前等）以及如何变更或取消所购买的车票。预订成功后，应按车票的购买期限到公交车站购买车票。

高速公交车的公交车总站一般都设在 JR 铁路站附近，也有的设在高速公路上或高速公路出入口附近。乘车时，应先在预约网站或汽车总站确认停车站地点以及到达时间等信息，并提前 30 分钟到达公交车总站，然后按照车票号码上车入座。

普通公交车

在日本各个城市乘坐公交车出行都非常方便，而且乘坐公交车还有沿途观景的乐趣。如果你喜欢优哉地进行日本环城游，可以选择公交车出行。

日本的公交车都可以用纸币、硬币、单次车票、回数券、IC 卡等支付车费。收费方式有两种，一种是上车统一收费，这时所有乘客的票价基本一致（儿童老年人等优惠券除外），通常是乘客从前门上车，并在上车时支付车费。另一种是按路程长短收费，通常是乘客从后门上车，然后在车门附近的整理券发券机里取出整理券（中文意思是“编号票”，上面印有上车时的车站编号，这个编号对应的票价会在公交车前部的显示屏上公示），最后在下车时，支付相应的费用。

巡游公交车

日本的很多城市都设有巡游公交车，其首发站点一般设在 JR 列车站附近，它可以带领游客前往城市的大多数景点，极大地方便了外来的游客们。

日本作为动漫大国，随处都散发着漫画气息，无论是商场、景点，还是在交通工具、住宿地，都有各式各样的漫画人物相伴。公交车也不例外，比如动物园的彩色公交车，车身上喷绘着可爱的动物图像；比如哆啦 A 梦博物馆的接驳车，下车铃按钮都是萌粉色。到日本坐一下这种公交车，也是挺有意思的体验。

购物

化妆品购买攻略

购买化妆品，是很多人去日本旅游的一大目的。因为日本化妆品的种类非常多，可选择的余地大，所以怎样挑选化妆品、去哪里买化妆品等成了游客购买时的一大难题。先充分了解一下日本化妆品，再去日本购买，是解决这一难题的最佳方式。

选购化妆品的方法

1. 先在网上看价

日本的大部分化妆品价格、产品种类都能在网上查到，你可以先在网上搜索一下想要买的品牌，提前了解一下，等到达日本后，再去挑选自己想要的。

2. 先逛大型店

在日本购买大型化妆品，首选的店铺必是大型店，不仅因为店铺大商品陈列多，而且经常会有大幅度的折扣。

3. 周末采购为黄金时间

日本很多化妆品店在周末会搞促销、打折扣，平时七折的商品到了周末可能被贴上特价六折的标签。

4. 货比三家

日本的化妆品店很可能会有不同的特价品，同一家连锁也常会有不同的促销。时间充裕的话最好货比三家。如果停留时间有限，最好是看到药妆店就进去买一些东西，不多买，看到下一家，再继续买。

如何在日本刷卡

日本刷卡环境很好，书店、各大小商店、酒店几乎都有 POS 机，因而游客在日本消费时，刷信用卡、银联卡十分方便。

刷信用卡

在日本的百货商场、高档宾馆、饭店都可以使用美国运通卡（American Express Cards）、VISA、INERS CARD 和 MASTER CARD 等国际性的信用卡，其中 VISA 是在日本使用最多的信用卡。但是在一些情况下使用信用卡会有限制，比如消费在 1000 日元以下不能刷卡。而且，在日本的小城市大部分都不能使用信用卡。

刷银联卡

在日本，凡贴有“银联”标识的商户均可直接使用银联卡，部分商户可能没有张贴“银联”标识，可主动出示银联卡，询问收银员是否可以使用。如使用双币卡，建议持卡人主动要求收银员选择银联网络，以确保享受银联网络的好处和优惠。建议去日本前办理一张 JCB 双币（日元－人民币）信用卡，可享受到相应的优惠（优惠信息查询网站：www.jcbcard.cn/ws/plazaweb）。

四季攻略

由于信用卡有一定消费限额，对于奢侈品等大额消费，建议使用银联借记卡，因为借记卡消费仅受账户余额限制。在商户刷银联卡消费，持卡人无须付手续费。刷卡费用会按市场汇率直接转换成人民币金额，并由发卡银行及时记入持卡人的人民币账户。

购物退税的小窍门

在日本，一般情况下只有在大型的商场和或者百货公司中购物才可以享受退税，部分商场需达到一定的金额（一般情况下是当天满 1 万日元）才可以退税。

在日本，很多百货公司和游客常去的购物中心，都有退税点。退税时，先填写一式三份的退税申请表，上面所要填写的信息包括护照号码、本国地址、消费金额、退税金额等，并贴好购物发票，然后将一份交给商店，自己留两份。填好后，你可以选择现金、支票、刷卡等方式退税。需要注意的是，能在商场退税就在商场退税，不要等离开日本统一退税，到时候不仅麻烦，而且会耽误时间。

日本购物的特别提示

1. 日本一年有两次购物季，分别是 1 月和 6 月。在这两次购物季中，日本大部分商店都会举办大规模的减价促销活动，其中以 1 月份开始销售的福袋（里面会有你意想不到商品）最值得期待。

2. 日本百货商店的营业时间一般是 10:00 ~ 19:00，便利商店为 24 小时营业。大部分商店星期天照常营业，但星期三或者星期四会有一天歇业。

3. 在日本消费时一般不能还价，特别是在百货店、跳蚤市场、电子商店折扣店里，如果坚持要还价，可能会遭到冷遇。

4. 日本国内使用的电器为 110V，一般免税店里销售的 220V 电压的电器会比 110V 电压的电器价格高。中国国内的电器电压为 220V，如果购买的是 110V 的电器需另外购买变压器。

5. 日本除免税店外，所有消费均需加 5% 的消费税。

就餐

最可口的日式寿司店

抚子寿司

抚子寿司（なでしこ寿司）是东京市内的特色寿司专营店，其厨师全部由女性担当，店铺以“新鲜、可爱”为经营理念，所制作的寿司也大多是小动物形象，颇受年轻人喜爱。抚子寿司店的推荐菜品为熊猫海苔卷、青蛙 DEKO 卷。

- 东京都千代田区，外神田 3-12-15
- 在地铁秋叶原站下车，向西北步行大约 5 分钟可到达
- www.nadeshico-sushi.com
- 周一至周五 17:30 ~ 22:30，周六日 11:00 ~ 22:00
- 1000 日元
- 03-32546661

吞太吕

这家寿司店位于最文艺也最安静的花见小路，这里的寿司也有一种“我见犹怜”的感觉。样子精美自不必说，味道也非常美味，而且注重细节。寿司醋轻轻包裹的米饭独有一种香味，配上特别的食材，更能感觉到制作者的用心。

- 京都市东山区，八坂新地清本町 357
- 11:00 ~ 13:30，17:00 ~ 24:00
- 075-5613189

喜多八

老字号的寿司店“喜多八”自创业 60 多年来，坚持使用精选原材料，并标示价格。其采用只有名古屋才有的 Cochin 鸡，创造出经典 Cochin 鸡寿司和八丁味噌风味 Cochin 鸡锅等。另外，健康的芦荟寿司、豆腐渣寿司和独特制法的松前寿司也是该店的招牌。

- 名古屋市中区，锦 3-22-10
- 17:00 至次日 1 点
- 052-9711335

政寿司总店

政寿司总店（Masazushi Honten）主营寿司拼盘和海鲜拌饭，菜单上附有照片，点餐时不会存在太多交流障碍。店里长长的吧台后面，寿司师傅一字排开，制作寿司的时候非常具有仪式感，看着寿司师傅精湛的手艺和认真的态度，可以感受到每一贯寿司所蕴含的文化和灵魂。推荐华寿司拼盘、极寿司拼盘。

小樽市花园 1-1-1
沿旧手宫线铁道遗址一路往东南方向，徒步 10 分钟可到达寿司通
11:00 ~ 22:40
0134-230011

中国游客最中意的餐厅

魔法之国的爱丽丝

这家餐厅由 Fantastic Desi gn Works 事务所精心打造，是一家意大利料理的主题餐厅。对于《爱丽丝梦游仙境》这个童话故事，相信很多人都不会陌生，《爱丽丝梦游仙境》中的元素在这里随处可见：桌子上以漂浮的扑克牌来做装饰，地板是黑白棋盘格，餐区也被设计成花园迷宫的模样。在爱丽丝仙境中用餐，一定会让你迷醉的。

中央区银座 8-8-5
从新桥车站银座口出站，沿中央大街步行约 3 分钟，再左转即到
www.alice-restaurant.com
周一至周六 17:00 ~ 23:00，周日、日本国定假日 16:00 ~ 23:00
03-35746980

珠穆朗玛

这是东京很火的一家中餐馆，为了追求中餐烹调的最高水平，因此命名为“珠穆朗玛”。店内充满了中国特色的装修，中式餐具、青花瓷器、格子窗、深色柜橱，极富传统色彩。如果带孩子前来这里用餐，一定要尝尝肉汁满满的“大烧饺子”和加入了黑胡椒的美味“大黑饺子”，饺子里灌满了肉汤，一口咬下去汁液就流进嘴里，味道非常鲜美。

涉谷区惠比寿南 2-2-7
乘坐 JR，惠比寿站西口出口，步行 5 分钟即到
周一至周五午餐 11:30 ~ 15:30，晚餐 17:30 ~ 23:00
0813-37190061

桃龙园

以北京菜和广东菜为主，选用当地新鲜的食材，海鲜料理格具人气，菜样精致，餐具也很上档次，有些类似日式料理的感觉，味道深受好评，再加上店内装修高级，环境优雅舒适，非常受当地人的好评和青睐。

大阪市福岛区福岛 1-1-48
搭乘 JR 环转线到福岛站出来，步行约 7 分钟左右；搭乘 JR 东西线大新福岛站出来，步行约 5 分钟左右
11:30 ~ 17:00，17:00 ~ 22:00
0816-63443362

娱乐

日式吃茶店

美目漫画吃茶秋叶店

美目漫画吃茶秋叶店（アイ・カフェ AKIBA PLACE 店）提供给前来娱乐的人们很多选择，游客既可以翻看着漫画书品茶，又可以加入电子竞技游戏中玩耍。店内的设备有现场展台、投影机、大屏幕液晶显示器，以及 PA 设备，并有主持人帮助应付各种活动。全店所有座椅有 40 个席位，半座椅有 20 个席位。

东京都千代田区外神田 3–15–1

乘坐地铁银座线（Ginza Line），在末广町站（Suehirocho Station）下车，向南步行约 150 米即到

www.kaji–icafe.com

03–52980126

Komukomu 秋叶原店

Komukomu 秋叶原店（コムコム秋葉原店）是个集漫画书、网络咖啡等于一体的休闲场所。游客既可以从自助机器上获取咖啡、茶点，又可以从书柜上任选喜欢的漫画书，坐在软座中看一下午，还可以用电脑上网竞技等。该店距离银座不远，是很多游客喜欢的地方，也是当地年轻人最喜欢的娱乐场所之一。

东京都千代田区外神田 1–14–1

乘坐地铁日比谷线（Hibiya Line），在秋叶原站（Akiha– bara Station）下车，向西步行约 200 米即到

www.iicomcom.com

03–32545656

滑雪全体验

日本每年降雪丰富，境内滑雪场众多，因此日本也是世界滑雪爱好者最爱去的地方之一。日本大部分滑雪场交通都十分便捷，设施齐全，且拥有适合各种游客的滑雪坡道。日本大多数滑雪场的费用都较高，其中门票价格约为 4500 日元，全天候滑雪升降机的价格为 4000 日元，滑雪场住宿价格为 8000 日元左右，餐饮费用约为 1000 日元。

札幌国际滑雪场

札幌国际滑雪场（Sapporo Kokusai Sukijyo），拥有优良的雪质，滑雪道距离长、斜面平滑，翘度高。适合的滑雪人群既有初、中级滑雪者，又有滑雪高手和专业选手，各自有一片天地，滑雪过程中完全不会互相打扰，安全系数非常高。喜欢尝鲜的游客还可以享受迷你雪摩托、四轮车等雪上游乐项目。

- 北海道札幌市南区定山溪 937 番地先
- 在札幌站前 Bic Camera 电器店下札幌站 巴士中心 16 号乘降处，搭乘前往札幌国 际滑雪场（札幌国際スキー場）的班车， 全程约 1 个小时
- www.sapporo-kokusai.jp/cn
- 3 小时票 3200 日元（约 180 元人民币）， 5 小时票 3500 日元，全日票 4000 日元
- 根据天气情况不同而定，天黑前停止营 业，初冬清场时间早，深冬晚，工作日 早，双休日晚，11 月 9:00 ~ 16:00，12 月 至 3 月 9:00 ~ 17:00,3 月至 5 月 9:00 ~ 16:30
- 011-5984511

日本其他滑雪场推荐

名称	地址	概况
东山国际滑雪场	北海道	该滑雪场提供世界上最稳定的粉末雪
伪子国际滑雪场	北海道	该滑雪场由 3 个滑雪区组成，内部共拥有 60 个滑道，所有滑雪道上都可以进行单板滑雪
八方尾根滑雪场	日本阿尔卑斯山	该滑雪场布局方正，内部既有坡度较为平缓的滑道，也有坡度崎岖的滑道
志贺高原滑雪场	长野县	这是日本最大的滑雪场，也曾是长野冬奥会的体育场所之一。场内有数十条滑道，并有各种不同的坡度，适合不同技术层次的滑雪者游玩
富良野滑雪场	富良野市	这座滑雪场内拥有 20 余条滑雪道，滑道最大道宽可达 80 余米，适合初学者前来滑雪

体验和服拍美照

带上心爱的富士牌“拍立得”、准备上五颜六色的相机纸，到日本和服体验店去，留下永恒的纪念吧。相信很多女孩子到日本旅游都不会错过这样的机会的！孩子和情侣更是会比较喜欢这种方式。在和服体验店，情侣还可以尝试租借日式婚礼和服套装，留下异域风情的合影，一定也是非常有趣。

小袖着物租赁

小袖着物租赁（レンタル着物 小袖）是日本镰仓地区的一家和服租赁店，提供包括儿童和服（七五三）、结婚时穿着的正式和服、振袖、访问、毕业仪式穿的袴、夏季的浴衣等。如果有自己的浴衣或者和服，这里也可以提供有偿的衣装穿戴服务。同时也提供纪念摄影、和服发型制作、人力车租赁这些增值服务。

- 日本，神奈川県，鎌倉市。小　町 2-7-31
- JR 横须贺线到鎌倉站东口徒 步 5 分钟，或者搭乘江之电到 镰仓站
- paull.jp/kosode/index.php
- 根据服装和服务内容不同而 有所区别，最低 4000 日元起
- 10:00 ~ 18:00，请提前预约
- 0467-385043

泡个温泉养养生

说起在日本旅行，泡温泉自然是不可错过的娱乐方式，甚至有很多游客专门前往日本泡温泉。日本的温泉大部分都是由火山、地震的作用而形成，东京、神奈川县、群马县、新瀉县、群马县、伊豆半岛等地都有天然温泉和温泉旅店，其温泉各有各的特色、疗效。另外，日本的一些温泉旅店内还提供按摩、桑拿、理疗等服务。

最佳温泉体验处推荐		
类型	名称	概况
最佳市中心温泉	麻布十番温泉	这是东京顶级的温泉区，配有温泉浴室、室外温泉池和放有榻榻米的茶室，其所用的温泉水是从地下 500 米深处涌出来的蒸汽般的、富含矿物质的水
最佳海岛温泉	地铊温泉	该温泉位于式根岛海岸附近的岩石缝隙处，其露天温泉池由岩石天然堆砌而成，在里面可以一边泡温泉一边欣赏太平洋的海浪拍打岩石的景象
最佳河畔温泉	宝川温泉	该温泉位于群马县，是日本国内顶级的温泉之一。这里的温泉池大部分分布在海岸线上，为男女混合式，其泉水有治疗疲劳、消化不良等疾病的作用
最佳温泉之城	城崎	这座温泉城位于日本关西北部的海岸线附近，拥有数处公共温泉池。在这里，游客可以身穿和服式的浴衣，脚穿木屐，前往公共温泉池泡温泉
最佳露天温泉	泽田公园露天温泉	该温泉位于伊豆半岛上，泡温泉时，可以遥望太平洋的美景，傍晚还可以欣赏美丽的日落
最佳高山温泉	高天原温泉	该温泉位于日本阿尔卑斯山上，得从山脚下步行一天才能到达。这里的温泉池可以免费泡温泉，旁边还有老旧的小屋可以住宿
最佳温泉之乡	箱根	该温泉之乡位于神奈川县西南部，在日本久负盛名。这里拥有的“箱根七汤”被视为日本的疗养胜地，其最大的特色在于游客可以在泡温泉时欣赏优美的湖光山色

生病了怎么办

在旅行途中，不免会遇到水土不服等各种身体不适的情况。为应对身体不适，在旅途中最好带点常用药品，如黄连素、感冒药、消炎药、止痛药以及创可贴、风油精等，可根据自身情况带足备用药。

如果生病，可以先打电话到“AMDA 国际医疗情报中心”，这个地方会向你介绍会说外语的医生、诊所，并会向你说明有关保险、医疗的事宜，东京地区电话：03-52858088/03-52868181；关西地区电话：06-66362333，还可以拨打免费的 119 联络。另外，在东京内有很多提供外国人医疗服务的医院，如火圣母医院、日本红十字社医疗中心、东京卫生医院、圣路加医院等

日本主要旅游城市的医院相关信息

城市	医院	地址	电话
东京	圣母医院（seibo byoin）	东京都新宿区中落合 2-5-1	03-39511111
	圣路加医院（seiroka byoin）	东京都中央区明石町 9-1	03-35415151
京都	坂部医院（sakabe interna-tional clinic）	京都府京都市中京区御幸町通二条下る山本町 435	075-2311624
	朝日堂 (asahido)	京都府京都市中京区数屋町通姉小路下る下白山町 293-3	075-2210432
名古屋	Nagoyadaiichi Red Cross H ospital	3-35 Michishitacho, Nakamura Ward, Nagoya	08152-4815111
小樽	济生音乐会小樽医院	小樽市梅之枝町 8-10	0134-254321

证件丢失怎么办

在国外，重要的证件都要随身携带，并且留有备份。比如把签证、护照复印一下备份。如果是护照丢失，则需要马上报警，警察会给你一个护照遗失证明，你可凭这张证明向中国驻日本大使馆或总领事馆申请补发护照或旅行证。申请补发护照时，需提交中国驻日本使领馆签发的《中华人民共和国旅行证》，并提交户口簿、身份证原件和相应复印件，在办理证件所在的公安局出入境管理处与遗失地中国驻日本使领馆核实后补发。

遇到地震怎么办

日本是个处在地震活跃带的国家，如果你在日本旅行期间遇到了地震，会是件非常麻烦的事情。熟悉下面的一些应急策略，会帮助你险里逃生。

1. 地震发生时，尽快关闭火源；

2. 将屋子的门打开；

3. 远离窗户等易产生碎渣的位置；

4. 在户外的时候保护好头部；

5. 避难时尽可能携带最少的物品，听从指挥徒步躲到安全区域；

6. 地震过后确定安全了，要尽快联系中国大使馆。

行李损坏或丢失怎么办

当你拿到行李后发现行李在货仓内有损坏，应该立即联系行李领取台或是航空公司的专设柜台进行处理。在索赔的时候，游客要填写行李破损报告，然后航空公司才会负责理赔。如果找不到行李，可以持登机证上的行李注册存根向航空公司查询，请工作人员帮忙查找。如果还是找不回来，则须填写报失单，最好详细地写清楚行李箱中的物品和价格，并保留一份副本和机场服务人员的姓名及电话，如果你的行李在 3 天内没有被找到的话，航空公司会按照合同给予相应的赔偿。

机票丢失怎么办

丢失机票，一般分为以下两种情况：一种是如果能确认丢失机票的详细情况，则可以重新签发；二是购买的待用机票，并且在一定时段内没有不正当使用丢失的机票，如果情况属实，则可以申请退款。如果不知道机票的详细情况，可以和购买机票的中国航空公司驻日本办事处联系，查询详情。

迷路了怎么办

在外旅行，带一份地图是非常有必要的，地图可以在城市的游客信息中心领取，也可以在商店购买。游玩时，如果发现自己迷路了，最好的办法是找警察问路。如果旁边没有警察，则可以礼貌的询问路旁的商家。如果是去野外旅游，带上指南针很有必要。没有指南针的话，就借助野外知识和一些标志性建筑明确方向，如太阳、植被等；实在自己找不到道路，可以打电话给警察求助，待在原地，耐心等待。如果自驾车迷路，可以借助车上的导航或手机地图来找路。若是没有导航，那就到最近的加油站、商店询问。